使わない

包丁
使わない

野菜を美味しく
食べたい人のための
超速
つくりおき
339

食材
ひとつ

食のスタジオ 編

野菜嫌いなお嬢様に雇われたラビは…

ここはとある森の中のお屋敷

ラビ
お屋敷の新コック
（野菜料理が得意）

私は今日からコックとして雇われました

しかし…

あなたが新しいコックですの!?

アタクシは野菜なんか食べませんからね!!

リリーお嬢様
お屋敷のご令嬢
（お肉大好き）

ニャー!!

雇い主はなかなか大変な性格のお嬢様でした…!

毎日肉よ

お肉

こんな感じで、うちのリリーお嬢様は肉オンリー！
でもそのせいか**あまりお体が強くないんだ**

マオ
先輩コック
（野菜料理は苦手）

ぎくっ

それで**野菜大好きな私が**採用されたんですね

お嬢様…それでは健康にも美容にもよくありませんよ

うぅ…

でもあんなまずいものイヤですわ…！

いえいえ！
野菜は…

と〜っても
美味しいんですよ！！！

そんなはずないですわ！！
ピーマンは苦いし
セロリはすじっぽくて
ほうれん草は青くさいの
ですわ

大丈夫です！
野菜には
「美味しく食べるコツ」
があるんですよ

コツ？

例えば…
ピーマンは切らずに
加熱すると苦みが
出にくいです
セロリはちゃんと
すじをとってから
調理したら
気になりません

ほうれん草は短時間
水にさらすだけで
えぐみがとれますよ！

おなか
すいちゃい
ますわ！

でも時間が
かかるのは
イヤですわ！

私は時短料理が得意なので

NO
火！

NO
包丁！

つくりおきをしていつでも
さっとお出しします！

私がお嬢様に
野菜の美味しさを
伝授しますよ〜！

なんか
変なコックが
きましたわ…！

僕にも
できるかな

あなたも美味しい野菜ライフを
始めてみましょう！

Let's Start →

Contents

002 はじめに
008 「超速つくりおき」で野菜を美味しく食べよう
010 この本の使い方
012 野菜を美味しく食べる3つのワザ
013 スピード調理テクニック
014 食べごろ"旬"カレンダー

PART 1

定番野菜

にんじん

017 にんじんと油揚げのレンジ煮／
にんじんと卵のみそ炒め／にんじんグラッセ
018 にんじんとさば缶のごまマヨあえ／
にんじんとツナのポン酢サラダ／
にんじんのカレーから揚げ
019 にんじんとチーズの白あえ／
にんじんとしらすのガレット／
にんじんの塩きんぴら

玉ねぎ

021 玉ねぎのピリ辛みそマヨ焼き／
まるごと玉ねぎのレンジ蒸し／
玉ねぎのバターじょうゆ炒め
022 玉ねぎのクリーム煮／玉ねぎチーズおやき／
玉ねぎのハーブフライ
023 玉ねぎの塩昆布蒸し／
玉ねぎと焼きのりのごまあえ／酢玉ねぎ

キャベツ

025 キャベツの赤じそじょうゆあえ／
キャベツ春巻き／キャベツの中華あんかけ
026 キャベツきんちゃく／
キャベツと豚バラのみそ炒め／
キャベツのお好み焼き風
027 キャベツとコンビーフのトマト煮／
キャベツとかにかまのマリネ／ザワークラウト

ブロッコリー

029 ブロッコリーのチーズ焼き／
ブロッコリーと桜えびの煮びたし／
ブロッコリーのペペロン風
030 ブロッコリーとベーコンのホットサラダ／
ブロッコリーの変わり白あえ／
ブロッコリーの辛子じょうゆあえ
031 ブロッコリーのスイートチリマヨ／
ブロッコリーとツナの蒸し焼き／
ブロッコリーの白だし漬け

トマト・プチトマト

033 トマトとアンチョビーのレンジ蒸し／
まるごと冷やしトマト／
焼きプチトマトの南蛮漬け
034 トマトとチーズのハーブオイルマリネ／
プチトマトの甘辛豚巻き／ベイクドトマト
035 トマトのトースターパン粉焼き／
プチトマトのミートソースそぼろ／
自家製トマトソース

じゃがいも

037 レンジ肉じゃが／じゃがいもの塩辛バター／
やみつきペッパーポテト
038 じゃがいもとコーンのグラタン風／
じゃがいもとハムのガレット／
ザクザクハッシュポテト
039 コンビーフのジャケットポテト／
ポテトサラダ／いももち

なす

041 なすの揚げびたし風／なすの肉詰め／
なすのハーブカツ
042 なすと牛肉のみそマヨ炒め／
なすのカルパッチョ／ヤンニョムなす田楽
043 焼きなすのエスニックサラダ／

なすのくたくた煮 ／ なすの山形だし風

かぼちゃ

045 かぼちゃとクリームチーズのサラダ ／
かぼちゃの麻婆あん ／ ひと口かぼちゃコロッケ

046 かぼちゃの酢のもの ／
かぼちゃのキムチチーズ焼き ／
かぼちゃのさっぱりごま入り揚げびたし

047 かぼちゃグリルのはちみつレモン ／
かぼちゃのみそバターコーンマッシュ ／
かぼちゃのカレーミートソース

ピーマン

049 ピーマンと桜えびの卵炒め ／
まるごとピーマンのおかかまぶし ／
焼きピーマンのマリネ

050 ピーマンとたこのアヒージョ ／
スコップピーマン肉詰め ／ ピリ辛ピーマンみそ

051 ピーマンのチーズサンド ／
ぐるぐるピーマンの酢豚 ／ 塩水ピーマン

パプリカ

053 パプリカのガパオ ／
パプリカとチキンのオイル煮 ／
パプリカの煮びたし

きゅうり

055 きゅうりのチーズ焼き ／
きゅうりとひき肉のオイスター炒め ／
きゅうりのみそもみ

056 きゅうりと豆のコロコロマリネ ／
ひらひらきゅうりとサラダチキンの
バンバンジー風 ／
きゅうりのしょうが焼き

057 きゅうりハムチーズのくるくる ／
きゅうりとじゃこのピリ辛きんぴら ／
きゅうりのピクルス

大根

061 大根とかにかまのレモンサラダ ／
大根ぎょうざ ／ 大根の青のり炒め

062 大根とベーコンのコンソメ煮 ／ 大根もち ／
大根ソースステーキ

063 大根と豚バラのレンジ煮 ／
大根の明太子炒め ／ 大根の千枚漬け風

もやし

065 もやしの梅マヨあえ ／
もやしと豚肉のカレー炒め ／
もやしのめんつゆ炒め煮

豆苗

067 豆苗の肉巻きレンジ蒸し ／
豆苗とじゃこの炒めもの ／
豆苗ガーリックマヨサラダ

長ねぎ

069 長ねぎのゆずこしょうサラダ ／
長ねぎの中華クリーム煮 ／
長ねぎの焼きマリネ

070 長ねぎのうま塩ごまあえ ／
長ねぎのフライ ／ 長ねぎのチヂミ

071 長ねぎのチャーシューあえ ／
長ねぎの照り焼き ／ 長ねぎの甘酢だれ

ほうれん草

073 ほうれん草の和風ペペロンチーノ ／
ほうれん草のコーンクリーム煮 ／
ほうれん草のだしびたし

小松菜

075 小松菜の昆布〆風 ／
小松菜とじゃこのオイスター炒め ／
のりあえ小松菜

水菜

077 水菜とさつま揚げの煮びたし ／
水菜と桜えびの中華あえ ／
水菜のピリ辛サラダ

チンゲン菜

079 生チンゲン菜の塩昆布あえ ／
チンゲン菜のオイスターステーキ ／
チンゲン菜のコンソメクリーム煮

白菜

081 白菜と昆布の煮びたし／麻婆白菜／
白菜のしょうがポン酢あえ

082 白菜とりんごのサラダ／
白菜と豚バラ肉のごまみそ煮／
白菜のガリバタしょうゆ

083 白菜とハムのフレンチサラダ／
白菜とえびの塩あんかけ／
白菜の即席キムチ

レタス

085 レタスとハムのマスタードサラダ／
レタスとわかめのナムル／
レタスのレモンペッパーステーキ

にら

091 オイスターにら豆腐／にらバーグ／
にらのピリ辛ごまあえ

オクラ

093 オクラのツナマヨあえ／
オクラの塩こうじから揚げ／
オクラのごまよごし

グリーンアスパラガス

095 アスパラの牛肉巻き／バターアスパラ／
アスパラの昆布茶マリネ

さやいんげん・さやえんどう

097 いんげんとちくわのコチュジャン煮／
さやえんどうの卵炒め／
いんげんのごまあえ

セロリ

099 セロリと鶏肉のサラダ／
セロリとえびのガーリック炒め／
セロリのきんぴら

カリフラワー

101 ローストカリフラワー／
カリフラワーのアイオリサラダ／
カリフラワーのカレーフリット

かぶ

107 かぶと油揚げの煮びたし／
かぶのまるごとホイル焼き／
かぶの中華風ピリ辛みそ炒め

れんこん

109 れんこんと枝豆の明太マヨ／
れんこんもち／れんこんきんぴら

ごぼう

111 ごぼうマヨサラダ／ごぼうと牛肉の中華炒め／
ごぼうのから揚げ

さつまいも

113 さつまいものレモン煮／
さつまいものマッシュサラダ／
さつまいもの黒こしょう炒め

里いも

115 里いもの梅おかか／里いものタラモサラダ／
里いもの照り焼き

長いも

117 長いものしば漬け／長いものとろとろ焼き／
長いものガーリックステーキ

きのこ

119 きのこのねぎ塩あえ／
きのこの和風ペペロン炒め／しいたけの佃煮

120 きのことトマトのホイル焼き／
きのこのカップオムレツ／
エリンギの炒めマリネ

121 3種のきのこのバターじょうゆ蒸し／
えのきのにらキムチあえ／
いろいろきのこのオイル漬け

058 COLUMN 01　野菜別ドレッシング早見表
086 COLUMN 02　野菜たっぷり主食
102 COLUMN 03　野菜のきほんストック術
104 COLUMN 04　野菜の干し方テク＆レシピ
122 COLUMN 05　超速野菜スープ

春菊
127 春菊のエスニックサラダ／春菊の卵とじ風／
春菊のごまみそマヨあえ

菜の花
129 菜の花とあさりの酢みそあえ／
菜の花の甘辛肉巻き／菜の花のオイル蒸し

新玉ねぎ
131 新玉ねぎのおかかあえ／
新玉ねぎとほたてのコールスロー／
新玉ねぎの塩焼き

新キャベツ
133 新キャベツのシンプルサラダ／
新キャベツと卵の中華炒め／
シン・キャベツステーキ

新じゃがいも
135 新じゃがののりマヨあえ／
新じゃがの煮っころがし／
新じゃがのコンソメフライドポテト

枝豆・そら豆
137 枝豆と玉ねぎのバターコンソメ煮／
さやごと枝豆のガーリックオイル蒸し／
そら豆の塩焼き

スナップえんどう
139 スナップえんどうと玉ねぎの
マスタードサラダ／
スナップえんどうのごま酢あえ／
スナップえんどうのペッパー焼き

ししとう
141 ししとうとじゃこのピリ辛レンジ煮／
ししとうとベーコンのソテー／
焼きししとうのおかかまぶし

モロヘイヤ
143 モロヘイヤのネバネバだし風／
モロヘイヤと豚肉のにんにく炒め／
揚げモロヘイヤ

ズッキーニ
145 ズッキーニのリボンサラダ／
ズッキーニのチーズクリーム煮／
ズッキーニの韓国風ピカタ

とうもろこし
147 とうもろこしと鶏の甘辛煮／
スパイシー焼きとうもろこし／
とうもろこしの天ぷら

ゴーヤ
149 ゴーヤのツナマヨサラダ／
ゴーヤのピリ辛ナムル／ゴーヤの佃煮

冬瓜
151 冬瓜のエスニック風サラダ／
冬瓜と鶏ひき肉の白だし煮／照り焼き冬瓜

152 COLUMN.06　ごはんのおとも

154 おわりに
156 さくいん

この本のきまり

- 材料の分量はほとんどが4人分です。一部、2人分や作りやすい分量としているものもあります。
- 材料に記載の分量（g）は、皮やヘタ、種などの廃棄する分量を含んだ使用量になります。
- 小さじ1は5ml、大さじ1は15mlです。
- 特に記載のない場合はしょうゆは濃口しょうゆ、砂糖は上白糖、塩は精製塩、酢は穀物酢、小麦粉は薄力粉を使用しています。
- 電子レンジ、オーブントースターの加熱時間はめやすです。メーカーや機種によって異なる場合があるので、様子を見ながら調整してください。
- 電子レンジは600Wを使用しています。500Wの場合は加熱時間を1.2倍、700Wの場合は加熱時間を0.8倍にしてください。
- 冷蔵、冷凍の保存期間はめやすです。食品の扱いに気をつけ、食べる前に必ず状態を確認しましょう。

「超速つくりおき」で 野菜を美味しく食べよう

手間暇、愛情、高級調味料、特殊な調理器具、すべていりません！
「超速つくりおき」なら、時短でムダなく、美味しく野菜が食べられます。

1 野菜の美味しさはシンプルな調理で引き出せる

どのレシピも野菜の美味しさがたっぷり味わえるものばかり。そのコツは、シンプルな調理法と味つけにあります。野菜の特徴をおさえていれば、難しい調理は必要ありません！

火や包丁を使わず作れる

野菜の特徴をおさえてレシピを開発。火や包丁を使わずとも美味しく、ベストな仕上がりになるよう試行錯誤しました。コンロにつきっきりにならず洗いものも少ないので、ラクに美味しい料理ができます。

食材ひとつでできる

メインの食材を1種類だけ使うレシピは、その食材の美味しさをしっかり味わえます。調味料も手間も少ないのもうれしいポイント。

2 日持ちするから いつでも無理なく 野菜たっぷり

この本のおかずは日持ちバツグン。どのレシピも時短でつくりおきできるので、1回作れば野菜を毎日たっぷり食べられます。

3 嫌いな野菜も 好きになる!?

食感や味が苦手だから食べられないという野菜も、どういう部分が苦手かに寄り添ってレシピを提案。切り方などのひと手間や合わせる調味料で苦手は減らせます。

4 時短&手抜きで ちょっとイイ 野菜生活をスタート

この本のレシピは15分以内に作れるものばかり。野菜別でレシピを紹介していて、旬のものや、家にある材料をチェックしながらメニューを決められるので、毎日の献立作りがラクチンになります。

この1冊でかんたんスピード調理！

この本の使い方

この本では野菜別に、時短で作れる3タイプのおかずを紹介しています。

素材の説明

選び方はもちろん、好きな野菜をもっと美味しく、
苦手な野菜も克服できるワザを紹介しています。

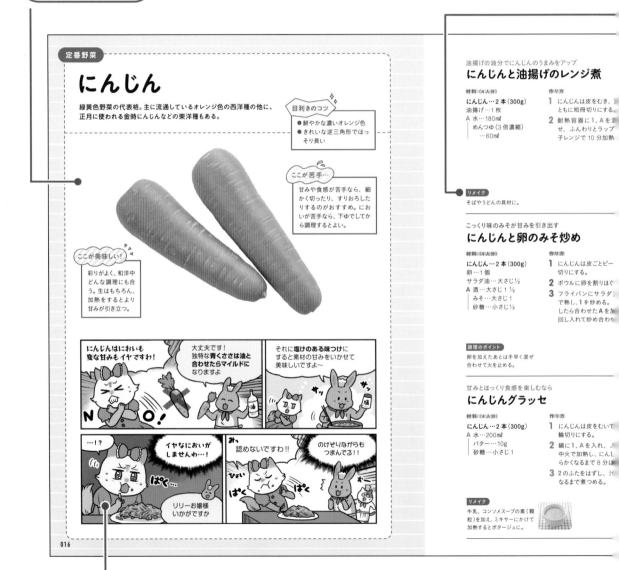

定番野菜

にんじん

緑黄色野菜の代表格。主に流通しているオレンジ色の西洋種の他に、
正月に使われる金時にんじんなどの東洋種もある。

目利きのコツ
- 鮮やかな濃いオレンジ色
- きれいな逆三角形でほっそり長い

ここが苦手…
甘みや食感が苦手なら、細かく切ったり、すりおろしたりするのがおすすめ。においが苦手なら、下ゆでしてから調理するとよい。

ここが美味しい！
彩りがよく、和洋中どんな調理にも合う。生はもちろん、加熱をするとより甘みが引き立つ。

【まんが】
にんじんにはにおいも変な甘みもイヤですわ！
大丈夫です！独特な青くささは油と合わせたらマイルドになりますよ
それに塩けのある味つけにすると素材の甘みをいかせて美味しいですよ〜
ＮＯ！
…！？
イヤなにおいがしませんわ…！
認めないですわ！！
のけぞりながらもつまんでる！！
リリーお嬢様いかがですか

016

油揚げの油分でにんじんのうまみをアップ

にんじんと油揚げのレンジ煮

材料（4人分）
にんじん…**2本（300g）**
油揚げ…1枚
A 水…180ml
　めんつゆ（3倍濃縮）
　…60ml

作り方
1 にんじんは皮をむき、ともに短冊切りにする。
2 耐熱容器に1、A を混ぜ、ふんわりとラップし、電子レンジで 10 分加熱

リメイク
そばやうどんの具材に。

こっくり味のみそが甘みを引き出す

にんじんと卵のみそ炒め

材料（4人分）
にんじん…**2本（300g）**
卵…1個
サラダ油…大さじ½
A 酒…大さじ1½
　みそ…大さじ1
　砂糖…小さじ½

作り方
1 にんじんは皮ごとピー切りにする。
2 ボウルに卵を割りほぐ
3 フライパンにサラダで熱し、1を炒める。したら合わせた A を回し入れて炒め合わ

調理のポイント
卵を加えたあとは手早く混ぜ合わせて火を止める。

甘みとほっくり食感を楽しむなら

にんじんグラッセ

材料（4人分）
にんじん…**2本（300g）**
A 水…200ml
　バター…10g
　砂糖…小さじ1

作り方
1 にんじんは皮をむい輪切りにする。
2 鍋に1、A を入れ、中火で加熱し、にんらかくなるまで 8 分ほ
3 2のふたをはずし、なるまで煮つめる。

リメイク
牛乳、コンソメスープの素（顆粒）を加え、ミキサーにかけて加熱するとポタージュに。

まんが

その野菜を美味しく食べる調理法や味つけのコツなどの知恵を
まんがでわかりやすく解説しています。

タイプ別で選べる

火を使わない

そのまま生で使ったり、電子レンジなどで加熱調理をして火を使わずに調理できます。

包丁使わない

切らずにそのまま使う、キッチンばさみやピーラーを使うなど、包丁いらずで調理できます。

食材ひとつ

メインで使う食材が1種類だけなので、より手軽に調理できます。

ミニコラムを活用して

時短のコツ より手早く調理できるコツを解説しています。

調理のポイント ひと工夫でより美味しくなるポイントを解説しています。

リメイク アレンジやリメイクのアイデアを解説しています。

保存期間

おかずを冷蔵、冷凍保存できる期間のめやすを表示しています。

| 13分 | 冷蔵 3日 | 冷凍 1か月 | 火を使わない |

| 8分 | 冷蔵 3日 | 冷凍 1か月 | 包丁使わない |

| 15分 | 冷蔵 4日 | 冷凍 1か月 | 食材ひとつ |

017

- -

長期保存レシピ

かんたんに作れて、冷蔵で1週間以上保存ができる長持ちレシピを紹介しています。

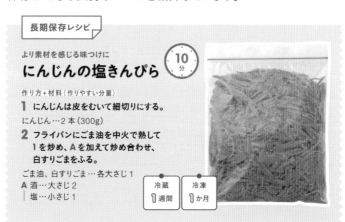

長期保存レシピ

より素材を感じる味つけに
にんじんの塩きんぴら 10分

作り方＋材料（作りやすい分量）

1 にんじんは皮をむいて細切りにする。
にんじん…2本（300g）

2 フライパンにごま油を中火で熱して
1を炒め、Aを加えて炒め合わせ、
白すりごまをふる。

ごま油、白すりごま…各大さじ1
A 酒…大さじ2
塩…小さじ1

| 冷蔵 1週間 | 冷凍 1か月 |

野菜を美味しく食べる3つのワザ

いつもの野菜を、より美味しく食べるためのコツを紹介します。

① 旬の時期に食べよう

旬の時期の野菜は味がのっているうえ、値段も安くなっていることが多く、うれしいことづくし。

▶ 旬カレンダーはP14へ

② 食材を長持ちさせよう

野菜は買ったときに鮮度がよくても、保存状態が悪ければ美味しさは半減します。適した温度や保存方法で、野菜たちを長持ちさせる居心地がよい空間を作ってあげましょう。

▶ 野菜の保存方法はP102へ

③ 作ったら正しく保存しよう

料理の美味しさを長持ちさせるため、きちんと保存しましょう。

保存容器を消毒する

雑菌が繁殖しないように煮沸、または消毒用アルコールスプレーでしっかり消毒をしましょう。

おかずは冷まして詰める

熱いおかずはしっかり冷ましてから保存容器に詰めましょう。清潔な箸やスプーンなどで取り分けて。

しっかり密閉する

おかずに空気が触れないようにしっかり密閉しましょう。作った日付を記して保存期間のめやすをわかりやすく。

スピード調理テクニック

調理器具や市販の調味料を上手に使って、時短で美味しい料理を作りましょう。

**《 工程ごとにささっと
まとめて作業！**

材料を洗う、切るなどの下ごしらえは、まとめていっきにすると効率的。切ったものは料理ごとにまとめてバットに移すのもおすすめ。また野菜、肉の順に切ると包丁やまな板を洗う手間を省けます。

**便利な道具を使って
手早く！ 》**

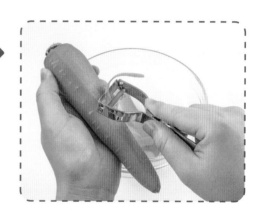

切るときは、包丁の代わりにキッチンばさみやピーラーを使うと、より時短に。下ゆでなどの下ごしらえは電子レンジで、焼く、揚げる料理はオーブントースターなどで、放置できる機器を使ってラクをしましょう。同時調理ができるのもうれしいポイント。

**《 便利調味料で
かんたん味つけ！**

味つけはめんつゆやサラダドレッシングなど、すでに調合されている市販の調味料を使うと便利。何度も計量しなくても1回で味が決まり、洗いものも少なくすむので時間の節約にもなります。

食べごろ"旬"カレンダー

美味しいときに食べよう！

鮮度がよく、値段も下がる時期をねらって、野菜をもっと美味しくいただきましょう。

食材／月	1	2	3	4	5	6	7	8	9	10	11	12
にんじん												
玉ねぎ			新玉ねぎ									
キャベツ			新キャベツ									
ブロッコリー												
トマト・プチトマト												
じゃがいも				新じゃがいも								
なす												
かぼちゃ												
ピーマン												
パプリカ												
きゅうり												
大根												
もやし												
豆苗												
長ねぎ												
ほうれん草												
小松菜												
水菜												
チンゲン菜												
白菜												
レタス												
にら												
オクラ												
グリーンアスパラガス												
さやいんげん												
さやえんどう												
セロリ												
カリフラワー												
かぶ												
れんこん												
ごぼう												
さつまいも												
里いも												
長いも												
きのこ												
春菊												
菜の花												
枝豆												
そら豆												
スナップえんどう												
ししとう												
モロヘイヤ												
ズッキーニ												
とうもろこし												
ゴーヤ												
冬瓜												

定番野菜

日ごろからよく使う野菜で
15 分以内にできる
3タイプのおかずレシピ

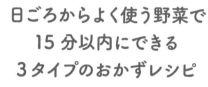

にんじん

緑黄色野菜の代表格。主に流通しているオレンジ色の西洋種の他に、正月に使われる金時にんじんなどの東洋種もある。

目利きのコツ
- 鮮やかな濃いオレンジ色
- きれいな逆三角形でほっそり長い

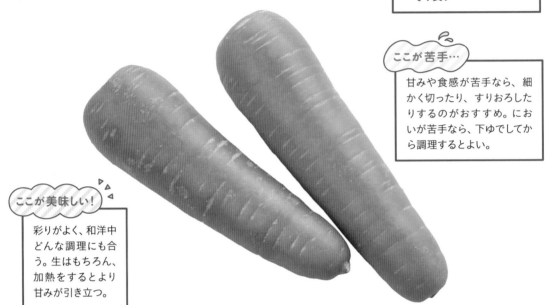

ここが苦手…
甘みや食感が苦手なら、細かく切ったり、すりおろしたりするのがおすすめ。においが苦手なら、下ゆでしてから調理するとよい。

ここが美味しい！
彩りがよく、和洋中どんな調理にも合う。生はもちろん、加熱をするとより甘みが引き立つ。

油揚げの油分でにんじんのうまみをアップ
にんじんと油揚げのレンジ煮

（13分）

冷蔵 3日　冷凍 1か月

材料（4人分）

にんじん…2本（300g）
油揚げ…1枚
A 水…180㎖
　めんつゆ（3倍濃縮）
　　…60㎖

作り方

1 にんじんは皮をむき、油揚げとともに短冊切りにする。

2 耐熱容器に1、Aを混ぜ合わせ、ふんわりとラップをして電子レンジで10分加熱する。

リメイク

そばやうどんの具材に。

こっくり味のみそが甘みを引き出す
にんじんと卵のみそ炒め

（8分）

冷蔵 3日　冷凍 1か月

材料（4人分）

にんじん…2本（300g）
卵…1個
サラダ油…大さじ½
A 酒…大さじ1½
　みそ…大さじ1
　砂糖…小さじ½

作り方

1 にんじんは皮ごとピーラーで薄切りにする。

2 ボウルに卵を割りほぐす。

3 フライパンにサラダ油を中火で熱し、1を炒める。しんなりしたら合わせたAを加え、2を回し入れて炒め合わせる。

調理のポイント

卵を加えたあとは手早く混ぜ合わせて火を止める。

甘みとほっくり食感を楽しむなら
にんじんグラッセ

（15分）

冷蔵 4日　冷凍 1か月

材料（4人分）

にんじん…2本（300g）
A 水…200㎖
　バター…10g
　砂糖…小さじ1

作り方

1 にんじんは皮をむいて1cm幅の輪切りにする。

2 鍋に1、Aを入れ、ふたをして中火で加熱し、にんじんがやわらかくなるまで8分ほど煮る。

3 2のふたをはずし、汁けがなくなるまで煮つめる。

リメイク

牛乳、コンソメスープの素（顆粒）を加え、ミキサーにかけて加熱するとポタージュに。

マヨとさばの油分がポイント

にんじんとさば缶のごまマヨあえ

（10分）

冷蔵 **3**日　冷凍 **2**週間

材料（4人分）

にんじん…3本（450g）
さば缶（水煮）…2缶（380g）
A マヨネーズ、白すりごま、
　　白ワイン…各大さじ2

作り方

1　にんじんは皮をむいて5mm幅の半月切りにし、耐熱容器に入れて水少々（分量外）をふる。ふんわりとラップをして電子レンジで7分加熱したら、水けをきる。

2　ボウルに缶汁をきったさば缶を入れて粗くほぐし、1、合わせた**A**を加えてあえる。

調理のポイント
にんじんを加熱している間に**A**を混ぜ合わせて、熱いうちにあえる。

さわやかな酸味も相性バツグン

にんじんとツナのポン酢サラダ

（5分）

冷蔵 **5**日　冷凍 **×**

材料（4人分）

にんじん…2本（300g）
ツナ缶（油漬け）
　　…小1缶（70g）
ポン酢しょうゆ…大さじ2

作り方

1　にんじんは皮ごとスライサーでせん切りにする。

2　ボウルに1、缶汁ごとのツナ缶を入れて混ぜ、ポン酢しょうゆを加えてあえる。

揚げ焼きにしてうまみを凝縮

にんじんのカレーから揚げ

冷蔵 **3**日　冷凍 **2**週間

材料（4人分）

にんじん…2本（300g）
A 片栗粉…大さじ3
　　カレー粉…小さじ1
　　塩…少々
サラダ油…大さじ4

作り方

1　にんじんは皮をむいて7〜8mm角の棒状に切る。

2　保存袋に**A**を入れて混ぜ合わせ、1を加えてまぶす。

3　フライパンにサラダ油を中火で熱して2を両面2分ずつ揚げ焼きにする。

調理のポイント
揚げ焼きにする際は、菜箸でさわりすぎると衣がはがれてしまうので注意。

チーズと豆腐でくさみが一切なし

にんじんとチーズの白あえ

（10分）

冷蔵 **3**日 ／ 冷凍 ×

材料（4人分）

にんじん…2本（300g）
クリームチーズ…100g
絹ごし豆腐…30g
くるみ（素焼き）…30g
めんつゆ（3倍濃縮）…小さじ2
しょうゆ…大さじ1

作り方

1 にんじんは皮をむいてせん切りにし、耐熱容器に入れてめんつゆをかける。ふんわりとラップをして電子レンジで2分加熱する。水けをきり、粗熱がとれたら保存袋に入れる。

2 1にクリームチーズ、絹ごし豆腐を入れ、しょうゆを加えて袋の上からもみ、全体を混ぜる。くるみを手で粗く砕きながら加え、さらに混ぜ合わせる。

時短のコツ

保存袋の上からもむとチーズと豆腐が崩しやすく、洗いものも少なくすむ。

にんじんの甘みとしらす、チーズの塩けが好相性

にんじんとしらすのガレット

（10分）

冷蔵 **5**日 ／ 冷凍 **1**か月

材料（4人分）

にんじん…2本（300g）
しらす干し…40g
ピザ用チーズ…50g
A 片栗粉…大さじ2
｜ 塩、こしょう…各少々
サラダ油…大さじ1

作り方

1 にんじんは皮ごとスライサーでせん切りにする。

2 ボウルに1、しらす干し、ピザ用チーズ、Aを入れて混ぜ合わせる。

3 フライパンにサラダ油を中火で熱し、2を丸く広げて両面3分ずつ焼く。キッチンばさみで食べやすい大きさに切る。

調理のポイント

ヘラなどで押さえつけるように焼くと崩れにくく、きれいな焼き色に。

長期保存レシピ

より素材を感じる味つけに

にんじんの塩きんぴら

（10分）

作り方＋材料（作りやすい分量）

1 にんじんは皮をむいて細切りにする。

にんじん…2本（300g）

2 フライパンにごま油を中火で熱して1を炒め、Aを加えて炒め合わせ、白すりごまをふる。

ごま油、白すりごま…各大さじ1
A 酒…大さじ2
｜ 塩…小さじ1

冷蔵 **1**週間 ／ 冷凍 **1**か月

玉ねぎ

通年出回っているものは、収穫後に1か月ほど乾燥させているため
保存性が高い。主役も脇役もこなせる人気の野菜。

目利きのコツ
- 表面の茶色い皮がしっかりと乾燥してツヤがある
- まるまると球体に近い

ここが美味しい!

切り方で美味しさが変化。繊維にそって切るとシャキシャキ食感に。繊維を断ち切ると香りや甘みが強くなる。

ここが苦手…

辛みが気になる場合は、繊維を断ち切るように切り、水に短時間さらすとよい。また、加熱すると独特のにおいや辛みが抜け、胃への刺激も少ない。

レンジで甘みを引き出し、トースターで香ばしく

玉ねぎのピリ辛みそマヨ焼き

（10分）

材料（4人分）

玉ねぎ…2個（400g）
A みそ、マヨネーズ
　　…各小さじ4
　コチュジャン…小さじ2

作り方

1 玉ねぎは繊維を断つように4等分の輪切りにする。耐熱容器に玉ねぎを並べ、ふんわりとラップをして電子レンジで2分加熱する。

2 天板に1を並べて表面に合わせたAを塗り、オーブントースターで5〜6分焼く。

玉ねぎの甘みをシンプルに味わう

まるごと玉ねぎのレンジ蒸し

（10分）

材料（4人分）

玉ねぎ…4個（800g）
A 水…100mℓ
　コンソメスープの素（顆粒）
　　…小さじ1

作り方

1 玉ねぎは皮をむいて上部分をキッチンばさみで切り落とし、ひげ根を除いてよく洗う。

2 耐熱容器に玉ねぎを並べ、合わせたAを加える。ふんわりとラップをして電子レンジで4分加熱する。

3 2の玉ねぎの上下を返し、ラップをしてさらに4分加熱し、お好みで乾燥パセリをふる。

リメイク

ピザ用チーズを加えてオニオングラタンスープ風に。

くったりとした玉ねぎの食感がやみつき

玉ねぎのバターじょうゆ炒め

（8分）

材料（4人分）

玉ねぎ…2個（400g）
バター…20g
しょうゆ…大さじ1
かつお節…適量

作り方

1 玉ねぎは1cm幅のくし形切りにする。

2 フライパンを中火で熱してバターを溶かし、1を5分ほど炒める。しんなりしたらしょうゆを回し入れ、かつお節をふる。

リメイク

ゆでうどんにからめて、焼きうどん風に。温玉をのせても。

火を使わない

包丁使わない

食材ひとつ

玉ねぎと牛乳の相性は間違いなし

玉ねぎのクリーム煮

（15分）

冷蔵 3日 ／ 冷凍 2週間

材料（4人分）

玉ねぎ…2個（400g）
ベーコン…3枚
A 牛乳…400㎖
　 小麦粉、バター…各40g
　 コンソメスープの素（顆粒）
　 　…大さじ½
塩、こしょう…各少々

作り方

1 玉ねぎは1cm幅のくし形切りに、ベーコンは短冊切りにする。

2 耐熱容器に1、Aを入れてよく混ぜ、ふんわりとラップをして電子レンジで12分加熱する。塩、こしょうで味を調える。

リメイク

ごはんにのせてピザ用チーズを散らしてドリアに。ゆでたスパゲッティにかけても。

薄切りにしてうまみと甘みを手早く引き出す

玉ねぎチーズおやき

（15分）

冷蔵 3日 ／ 冷凍 2週間

材料（4人分）

玉ねぎ…2個（400g）
ピザ用チーズ…100g
A 片栗粉…大さじ5
　 塩、こしょう…各少々
サラダ油…大さじ2

作り方

1 玉ねぎはスライサーで薄切りにする。

2 ボウルに1、ピザ用チーズ、Aを入れて混ぜ合わせる。

3 フライパンにサラダ油の½量を中火で熱し、2の½量を6等分にして広げ入れ、両面3分ずつ焼く。残りも同様に焼き、全部で12枚作る。お好みで食べるときにトマトケチャップを添える。

ハーブの香りと玉ねぎの風味をかけ合わせて

玉ねぎのハーブフライ

（15分）

冷蔵 3日 ／ 冷凍 2週間

材料（4人分）

玉ねぎ…4個（800g）
小麦粉、溶き卵、サラダ油
　…各適量
A パン粉…40g
　 ハーブ（乾燥・お好みのもの）
　 　…大さじ2

作り方

1 玉ねぎは根元を残して8等分のくし形切りにし、小麦粉、溶き卵、合わせたAの順に衣をつける。

2 フライパンに深さ1cmほどのサラダ油を中火で熱し、1をきつね色になるまでじっくり揚げ焼きにする。

調理のポイント

玉ねぎの根元を残すと、バラバラにならずに揚げやすい。

皮ごとレンジ蒸しするから香りが残る

玉ねぎの塩昆布蒸し

(10分)

材料（4人分）
玉ねぎ…2個（400g）
塩昆布…20g
バター…20g

作り方

1 玉ねぎは皮ごと上下を切り落とし、横半分に切る。

2 1の切り口を上にして耐熱容器に並べる。塩昆布、バターを等分にのせてふんわりとラップをし、電子レンジで8分加熱する。

のりとごまの新食感オニオンスライス

玉ねぎと焼きのりのごまあえ

(8分)

材料（4人分）
玉ねぎ…2個（400g）
焼きのり（全形）…1枚
A 水…大さじ6
　白すりごま、めんつゆ
　　（3倍濃縮）…各大さじ2

作り方

1 玉ねぎはスライサーで薄切りにし、水にさらして水けをきる。

2 ボウルに1、Aを入れてあえ、手でちぎった焼きのりを加えてあえる。

長期保存レシピ

いつもの肉やサラダにのせて、もっと美味しく

酢玉ねぎ

(10分) + 漬け時間 3時間以上

作り方＋材料（作りやすい分量）

1 **玉ねぎは薄切りにする。**

玉ねぎ…5個（1000g）

2 **小鍋にAを入れて中火にかけ、ひと煮立ちしたら粗熱をとる。
保存瓶に玉ねぎとともに入れて混ぜ合わせ、
冷蔵庫で3時間以上おく。**

A 赤唐辛子（種を除く）…1本分
　酢…150ml
　砂糖…大さじ2
　塩…小さじ1

火を使わない

包丁使わない

キャベツ

サラダや炒めもの、煮込みなど、どんな調理法でも美味しい常備野菜。
紫キャベツは彩りがよく、サラダやピクルスにおすすめ。

目利きのコツ
- 芯の切り口が白くてみずみずしい
- カット済みのものは、断面が盛りあがっていない

ここが美味しい!
加熱すると甘みが増すうえ、芯まで美味しく食べられる。煮る、炒める、時間がなければ切らずにレンチンでも。

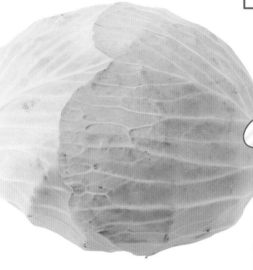

ここが苦手…
シャキシャキ食感が嫌いなら、塩もみをしてくたっとさせたり、せん切り用ピーラーを使ってふわふわに。青くささが気になるなら、少量の酢を加えた水で短時間さらすのがおすすめ。

ごま油と赤じそでイヤなくさみナシ

キャベツの赤じそじょうゆあえ

(8分)

冷蔵 3日　冷凍 2週間

材料（4人分）
キャベツ…½個（400g）
塩…小さじ⅓
A 赤じそふりかけ、ごま油
　　…各小さじ2
　しょうゆ…小さじ1

作り方
1 キャベツはざく切りにして耐熱容器に入れ、塩を加えて混ぜる。ふんわりとラップをして電子レンジで4分加熱したら、水で洗って水けを絞る。
2 ボウルに1、Aを入れて混ぜ合わせる。

火を使わない

チーズや油分で甘みがアップ

キャベツ春巻き

(15分)

冷蔵 3日　冷凍 2週間

材料（4人分）
キャベツ…½個（400g）
春巻きの皮、
　　スライスチーズ…各12枚
塩…少々
A 小麦粉、水…各大さじ1
サラダ油…大さじ4

作り方
1 キャベツはスライサーでせん切りにし、塩でもんで水けを絞る。12等分に分ける。
2 春巻きの皮にスライスチーズ、1をのせて巻き、巻き終わりを合わせたAでとめる。全部で12本作る。
3 フライパンにサラダ油を中火で熱し、両面2〜3分ずつ揚げ焼きにする。

調理のポイント
キャベツの水分が多いままだとパリッと仕上がらないので、水けはしっかりと絞る。

包丁使わない

くったりとしたキャベツはしっかり味と合う

キャベツの中華あんかけ

(10分)

冷蔵 5日　冷凍 2週間

材料（4人分）
キャベツ…½個（400g）
ごま油…大さじ2
A 水…300mℓ
　鶏がらスープの素（顆粒）
　　…小さじ2
　しょうゆ…大さじ1½
B 水…大さじ3
　片栗粉…小さじ4

作り方
1 キャベツはざく切りにする。
2 フライパンにごま油の½量を中火で熱し、1を2分ほど炒める。Aを加えて3〜4分煮たら、しょうゆを加えて混ぜ合わせる。
3 2に合わせたBを加えてとろみをつける。火を止め、残りのごま油を回しかける。

リメイク
豚ひき肉と炒め合わせ、皿うどんにかける。

食材ひとつ

甘辛味でキャベツのえぐみが気にならない

キャベツきんちゃく

15分

冷蔵 3日　冷凍 2週間

材料（4人分）

キャベツ…½個（400g）
鶏ひき肉…200g
油揚げ…6枚
A 水…250㎖
　　しょうゆ…60㎖
　　酒…50㎖
　　砂糖…大さじ2

作り方

1 キャベツは粗みじん切りにしてボウルに入れ、鶏ひき肉を加えて混ぜ合わせ、12等分にする。

2 油揚げは半分に切り、切り口から袋状に広げる。1を詰め、つま楊枝でとめる。全部で12個作る。

3 耐熱容器に2、Aを入れ、ふんわりとラップをして電子レンジで3分加熱する。上下を返してラップをし、さらに3分加熱する。

調理のポイント

油揚げに詰めるときは破けない程度にパンパンにする。

豚の脂でキャベツのうまみを引き出す

キャベツと豚バラのみそ炒め

10分

冷蔵 3日　冷凍 1か月

材料（4人分）

キャベツ…½個（400g）
豚バラ薄切り肉…150g
サラダ油…大さじ1
A みそ…大さじ3
　　みりん…大さじ2
　　酒…大さじ1
　　しょうゆ…小さじ1
　　おろしにんにく、おろし
　　　しょうが…各小さじ½

作り方

1 キャベツ、豚バラ薄切り肉はキッチンばさみで食べやすい大きさに切る。

2 フライパンにサラダ油を中火で熱し、豚肉を炒める。肉に火が通ったらキャベツを加え、強火で炒める。

3 2のキャベツがしんなりしたら合わせたAを加え、さっと炒め合わせる。

キャベツとソースは至高の相性

キャベツのお好み焼き風

10分

冷蔵 3日　冷凍 2週間

材料（4人分）

キャベツ…½個（400g）
紅しょうが…20g
サラダ油…小さじ2
A 中濃ソース…大さじ1½～2
　　オイスターソース…小さじ2
かつお節…6g
青のり…少々

作り方

1 キャベツは4㎝角のざく切りにする。耐熱容器に入れ、ふんわりとラップをして電子レンジで1分30秒加熱し、水けをきる。紅しょうがは細かく刻む。

2 フライパンにサラダ油を強火で熱し、キャベツを炒める。

3 2にA、紅しょうがを加えてさっと炒め合わせ、かつお節、青のりを散らす。

リメイク

豚バラ薄切り肉やシーフードミックスと炒め合わせると、お好み焼き感がアップ。

大きめに切るから甘みがでる

キャベツとコンビーフのトマト煮

(15分)

冷蔵 3日　冷凍 1か月

材料（4人分）

キャベツ…1/2個（400g）
コンビーフ缶…1缶（80g）
カットトマト缶…1缶（400g）
A トマトケチャップ…大さじ2
　コンソメスープの素
　　（顆粒）…大さじ1/2
塩、こしょう…各少々

作り方

1 キャベツは4等分のくし形切りにし、耐熱容器に並べる。

2 ボウルにコンビーフ缶をほぐし、カットトマト缶、Aを加えて混ぜ合わせる。

3 1の表面に2を塗り、ふんわりとラップをして電子レンジで10分加熱して塩、こしょうで味を調える。

リメイク

水を加えて煮込んでスープに。

ちぎると食感が変わって美味しい

キャベツとかにかまのマリネ

(5分)

冷蔵 3日　冷凍 ×

材料（4人分）

キャベツ…1/2個（400g）
かに風味かまぼこ…10本
A すし酢…大さじ4
　サラダ油…大さじ2

作り方

1 キャベツは手で食べやすくちぎり、かに風味かまぼこは手で食べやすく裂く。

2 保存袋に1、Aを入れてよくもみ込む。

リメイク

マヨネーズを加えて混ぜ、パンにはさんでサンドに。

【 長期保存レシピ 】

酸味と食感を楽しむ

ザワークラウト

(5分) + 漬け時間 3〜4日

作り方＋材料（作りやすい分量）

1 キャベツは太めのせん切りにして塩をもみ込む。

キャベツ…1/2個（400g）
塩…大さじ1

2 1がしんなりしたらAを加えてざっと混ぜ、保存瓶に手で押し込むようにして詰める。3〜4日ほど常温で保存し、発酵してきたら冷蔵庫で保存する。

A クミンシード…小さじ1
　ローリエ…1枚

冷蔵 2週間　冷凍 1か月

火を使わない

包丁使わない

ブロッコリー

普段よく食べているのは「花蕾」といって花が咲く前のつぼみの部分。
茎は、花蕾より栄養価が高いので捨てないで。

目利きのコツ
- 花蕾の部分が丸みを帯びている
- 花蕾の粒がそろっていて、少し紫がかっている

ここが美味しい!

花蕾の食感が独特。さっとかためにゆでることで、適度な歯ごたえを楽しめる。茎は甘みがあるので、皮を厚めにむいて加熱して。

ここが苦手…

青くさいにおいが気になる場合は、ゆでずに蒸したり、そのまま焼くのがおすすめ。味が淡白なので相性のよいマヨネーズやオイスターソースとあえて濃いめの味つけに。

ブロッコリーは茎も余すことなく使えるスグレモノ!

ん っ!

じゃ

今日は何を作ろうかなぁ?

なんですのその緑のもしゃもしゃ!!こんなもの食べないですわ!

ヒィ

イッ

ブロッコリーは**チーズやマヨネーズ**とも相性がいいんですよ!これなら青くささもなくなります

まぁ! これがあの緑のもしゃもしゃ!?…悪くないですわね

可愛く思えてきたから飾ることにしましたの♡

もしゃもしゃ…♡

あっ

茎も余さず使っていろいろな食感を楽しむ
ブロッコリーのチーズ焼き

 12分

冷蔵 3日 ／ 冷凍 3週間

材料（4人分）
ブロッコリー…2株（400g）
ピザ用チーズ…40g
マヨネーズ…大さじ3
塩、こしょう…各少々

作り方
1 ブロッコリーは小房に分け、茎は皮を厚めにむいて拍子木切りにする。
2 耐熱容器に1を入れ、ふんわりとラップをして電子レンジで3分加熱する。
3 2にマヨネーズ、ピザ用チーズを順にのせ、塩、こしょうをふってオーブントースターで5〜6分焼く。

味をしみ込ませてじゅわっと美味しい
ブロッコリーと桜えびの煮びたし

 10分

冷蔵 3日 ／ 冷凍 1か月

材料（4人分）
ブロッコリー…2株（400g）
A 水…200㎖
　桜えび…大さじ2
　しょうゆ、みりん
　　…各大さじ1½
　和風だしの素（顆粒）
　　…小さじ½

作り方
1 ブロッコリーはキッチンばさみで小房に分ける。
2 鍋に1、Aを入れて中火で熱し、煮立ったらふたをして2分ほど煮る。火を止めて5分ほどおいて味をなじませる。

リメイク
溶き卵を加えて煮て、卵とじにしても。

ピリ辛なオイルで風味が際立つ
ブロッコリーのペペロン風

 8分

冷蔵 4日 ／ 冷凍 1か月

材料（4人分）
ブロッコリー…2株（400g）
A 赤唐辛子（種を除き
　　小口切り）…1本分
　オリーブ油…大さじ2
　おろしにんにく…小さじ½
　塩…小さじ¼

作り方
1 ブロッコリーは小房に分けて耐熱容器に入れ、ふんわりとラップをして電子レンジで6分加熱する。
2 ボウルにAを混ぜ合わせ、1を加えてあえる。

リメイク
ピザ生地にベーコンとともにのせてピザ用チーズを散らして焼く。

火を使わない

包丁使わない

食材ひとつ

にんにく香るドレッシングがよく合う

ブロッコリーとベーコンのホットサラダ

⏱ 10分

冷蔵 3日 / 冷凍 1か月

材料（4人分）

ブロッコリー…2株（400g）
ベーコン…1枚
A マヨネーズ…大さじ3
　粉チーズ…大さじ1½
　おろしにんにく、レモン汁
　　…各小さじ½
　塩、こしょう…各少々

作り方

1 ブロッコリーは小房に分け、茎は皮を厚めにむいて拍子木切りにする。ベーコンは短冊切りにする。

2 耐熱容器に1を入れ、ふんわりとラップをして電子レンジで5〜6分加熱する。

3 ボウルにAを混ぜ合わせ、2が温かいうちに加えてあえる。

隠し味のピーナッツバターでコクがでる

ブロッコリーの変わり白あえ

⏱ 12分

冷蔵 3日 / 冷凍 ✕

材料（4人分）

ブロッコリー…2株（400g）
木綿豆腐…1丁（300g）
A ピーナッツバター
　　…大さじ4
　しょうゆ…大さじ2
　みそ、砂糖…各大さじ1

 リメイク

さば缶とともに冷やごはんにのせて、冷たいだし汁をかけて冷や汁風に。

作り方

1 ブロッコリーは、キッチンばさみで小房に分けて耐熱容器に入れ、ふんわりとラップをして電子レンジで3分加熱したらザルにあげて粗熱をとる。

2 木綿豆腐はペーパータオルに包み、耐熱容器にのせてラップをせずに電子レンジで2分加熱し、粗熱をとる。

3 2を保存袋に入れて手でよくもむ。Aを加えてさらにもんで全体になじんだら、1を加えて軽く混ぜる。

辛子で青くささを打ち消す

ブロッコリーの辛子じょうゆあえ

⏱ 8分

冷蔵 3日 / 冷凍 1か月

材料（4人分）

ブロッコリー…2株（400g）
A しょうゆ…大さじ1½
　練り辛子…小さじ1

 リメイク

サラダチキン、プチトマトを加えて、ヘルシーサラダに。

作り方

1 ブロッコリーは小房に分け、茎は皮を厚めにむいて拍子木切りにする。

2 耐熱容器に1を入れ、ふんわりとラップをして電子レンジで5〜6分加熱する。

3 ボウルにAを混ぜ合わせ、2を加えてあえる。

エスニック調味料とも相性よし

ブロッコリーのスイートチリマヨ

15分

冷蔵	冷凍
3日	1か月

材料（4人分）

ブロッコリー…2株（400g）
紫玉ねぎ…¼個
むきえび…8尾
A スイートチリソース
　　…大さじ3
　マヨネーズ…大さじ2

作り方

1 ブロッコリーは小房に分け、茎は皮を厚めにむいて拍子木切りにする。紫玉ねぎは1cm角に切る。むきえびは背わたを除く。

2 耐熱容器に1を入れ、ふんわりとラップをして電子レンジで6分加熱する。

3 2の粗熱がとれたらペーパータオルで軽く水けをふき、Aを加えて混ぜ合わせる。

ツナの油分でうまみを引き出す

ブロッコリーとツナの蒸し焼き

7分

冷蔵	冷凍
4日	1か月

材料（4人分）

ブロッコリー…2株（400g）
ツナ缶（油漬け）
　…小1缶（70g）
水…大さじ3
塩、こしょう…各少々

作り方

1 ブロッコリーはキッチンばさみで小房に分ける。

2 フライパンに1、缶汁ごとツナ缶を入れて中火で熱し、全体をさっと炒める。

3 2に水を加えてふたをして、2～3分蒸し焼きにする。ふたをはずして塩、こしょうで味を調える。

リメイク

ゆでたスパゲッティとあえても美味しい。

長期保存レシピ

じゅわっとしみ出すだし汁がごちそう

ブロッコリーの白だし漬け

10分 + 漬け時間 30分以上

作り方＋材料（作りやすい分量）

1 ブロッコリーは小房に分け、茎は皮を厚めにむいて拍子木切りにする。耐熱容器に入れ、ふんわりとラップをして電子レンジで5～6分加熱する。

ブロッコリー…2株（400g）

2 1にAを加え、30分以上漬ける。

A 水…180㎖
　白だし…大さじ4

冷蔵	冷凍
1週間	1か月

トマト・プチトマト

さまざまな大きさや形、色があり、見た目が華やかで使い勝手もバツグン。
生食用、加工用と用途別の種類もある。

目利きのコツ

● 皮に色ムラがなく
ハリがある
● ヘタの緑色が濃く
ピンとしている

ここが美味しい！

加熱するとうまみや
甘みがアップ。洋食
のイメージが強いが、
和の調味料との相性
もよい。

ここが苦手…

青くさいものは加熱料理がおす
すめ。生でいただくものは、なる
べく赤く熟したものがよい。中の
ゼリー部分が苦手な場合は、そ
の部分を除いて食べる手段も。

なんでアタクシまで
こんなところに…！
しかもこれ好きでは
ないですわ！

生のトマトの食感や
風味が苦手なら
トマトソースに
してみましょうか！

サラダに
入ってる
ヤツ！

お屋敷
所有農園

まあっ!!
美味ですわ〜

トマトは
加熱すると
うまみが
増すんですよ

今日もトマトソース
食べたいですわ

今日もアレを

今日も！

ヒーッ

なに！？ラビ
魔術でも始めたの

お嬢様が
トマトソースを
気に入りすぎて
しまって…

大鍋にしたんだ

イメージ

ぐつ

ぐつ…

加熱でうまみをアップさせて香り高く

トマトとアンチョビーのレンジ蒸し

(5分)

冷蔵 3日
冷凍 1か月

材料（4人分）

プチトマト（赤・黄）
…各1パック（400g）
にんにく…1片
アンチョビー…2枚
A オリーブ油…大さじ2
┃ 塩…小さじ½

作り方

1 プチトマトはヘタを除いて竹串
で数か所穴をあける。にんにく
は薄切りにし、アンチョビーは
みじん切りにする。

2 耐熱容器に**1**、**A**を入れて混ぜ
合わせ、ふんわりとラップをし
て電子レンジで3分加熱し、
全体を混ぜ合わせる。

リメイク

刻んで白身魚のソテーに添え
て、ソースのように合わせる。

火を使わない

トマトのうまみをめんつゆで底上げ

まるごと冷やしトマト

(8分)

冷蔵 4日
冷凍 ✕

材料（4人分）

トマト…4個（800g）
A 水…120mℓ
┃ めんつゆ（3倍濃縮）
┃ …大さじ3
青じそ…2枚

作り方

1 トマトはヘタを除き、底面に
フォークで穴をあける。

2 鍋に熱湯を沸かして**1**を20秒
ほど入れ、取り出して冷水に浸
して皮をむく。

3 ボウルに**A**を混ぜ合わせ、**2**を
漬ける。青じそを手でちぎって
散らす。

リメイク

漬けているめんつゆごと、冷
やし麺の具材に。

包丁使わない

しっかり焼けば濃厚な甘みに変化

焼きプチトマトの南蛮漬け

(7分)

冷蔵 3日
冷凍 ✕

材料（4人分）

プチトマト…2パック（400g）
サラダ油…適量
A 酢、水…各大さじ3
┃ しょうゆ、砂糖…各大さじ1
┃ 赤唐辛子（種を除いて
┃ 小口切り）…少々

作り方

1 プチトマトはヘタを除く。

2 フライパンにサラダ油を中火
で熱し、**1**をときどき転がしてと
ころどころ焼き色をつける。

3 保存容器に**A**を混ぜ合わせ、
熱いうちに**2**を加えて味をなじ
ませる。

食材ひとつ

オリーブ油でうまみ増幅

トマトとチーズのハーブオイルマリネ

5分

冷蔵 3日　冷凍 ×

材料（4人分）

トマト…2個（400g）
プロセスチーズ…50g
塩…小さじ½
A オリーブ油…大さじ3
│ バジル（乾燥）…適量

作り方

1 トマトはヘタを除いて2～3cm角に切り、塩をふる。プロセスチーズは1cm角に切る。

2 ボウルにAを混ぜ合わせ、1を加えてあえる。

リメイク

パンやパスタと合わせたり、オムレツの具材にしても。

火を使わない

トマトのうまみもソースとして味わって

プチトマトの甘辛豚巻き

15分

冷蔵 3日　冷凍 2週間

材料（4人分）

プチトマト…20個（200g）
豚バラ薄切り肉…10枚
小麦粉…適量
サラダ油…大さじ1
A 焼き肉のたれ（市販）
│　…大さじ4
│ はちみつ…大さじ1

作り方

1 豚バラ薄切り肉はキッチンばさみで半分の長さに切る。

2 豚肉1切れにヘタを除いたプチトマト1個をのせて巻き、小麦粉を薄くまぶす。全部で20個作る。

3 フライパンにサラダ油を中火で熱し、2を巻き終わりを下にして並べる。ときどき転がして全体に焼き色がついたら、合わせたAを加えて弱火で煮からめる。

調理のポイント

Aを煮からめるときは焦げやすいので火加減に注意。

包丁使わない

シンプルな味つけで素材の力を感じて

ベイクドトマト

7分

冷蔵 3日　冷凍 ×

材料（4人分）

トマト…2個（400g）
オリーブ油…大さじ1
塩、粗びき黒こしょう
　…各少々

作り方

1 トマトはヘタを除いて4等分の輪切りにする。

2 フライパンにオリーブ油を強火で熱して1を並べ、両面2分ずつ焼いて焼き色をつけ、塩、粗びき黒こしょうをふる。

食材ひとつ

リメイク

コンソメスープにベーコンとともに入れて、上品なスープに。

ジューシーな果肉がやみつきになる

トマトのトースターパン粉焼き

8分

冷蔵 3日　冷凍 1か月

材料（4人分）

トマト…2個（400g）
塩…小さじ⅓
A パン粉…大さじ4
　オリーブ油…大さじ2
　パセリ（みじん切り）
　　…大さじ1
　おろしにんにく…小さじ½

作り方

1 トマトはヘタを除いて横半分に切り、切り口を上にして耐熱容器に並べ、塩をふる。

2 ボウルにAを混ぜ合わせて1に等分にのせ、オーブントースターで5～6分焼く。

調理のポイント

パン粉とオリーブ油をしっかり混ぜると、ムラなくきれいなきつね色に焼き上がる。

火を使わない

果肉の食感を楽しむミートソース

プチトマトのミートソースそぼろ

10分

冷蔵 3日　冷凍 1か月

材料（4人分）

プチトマト…2パック（400g）
合いびき肉…150g
サラダ油…小さじ1
A 水…大さじ5
　中濃ソース、赤ワイン
　　…各大さじ2
塩、こしょう…各少々

作り方

1 プチトマトはヘタを除く。

2 フライパンにサラダ油を中火で熱して合いびき肉を炒め、肉に火が通ったら1を加えてさっと炒める。Aを加えてふたをし、弱めの中火にして5分ほど加熱する。

3 2のプチトマトの皮が破けたらふたをはずし、汁けをとばしながら炒め、塩、こしょうで味を調える。

リメイク

豆腐やなすにのせ、ピザ用チーズを散らして焼いてミートグラタン風に。

包丁使わない

長期保存レシピ

肉や魚にかけるだけでごちそうに

自家製 トマトソース

40分

冷蔵 1週間　冷凍 1か月

作り方＋材料（作りやすい分量）

1 トマトはヘタを除いて十字に浅く切り込みを入れる。熱湯にさっと入れ取り出して冷水に浸し、皮をむいてひと口大に切る。

トマト…5個（1000g）

2 鍋にオリーブ油を中火で熱し、それぞれみじん切りにした玉ねぎ、にんにくを炒める。玉ねぎがしんなりしたら1を加え、ときどき混ぜながら½量ほどになるまで煮つめて塩、こしょうで味を調える。

玉ねぎ…¼個、にんにく…1片
オリーブ油…大さじ1、塩…大さじ¼
こしょう…少々

じゃがいも

根菜として分類されているが、食べているのは根茎部分。
完熟してから収穫され、収穫後はしばらく貯蔵されてから出荷されることが多い。

目利きのコツ
- 傷がなく、表面にしわがない
- ふっくらとして重みがある

ここが美味しい！

皮つきのままゆでたり、レンチンすると水っぽくならずホクホクに。つぶしたり、味をなじませるなら熱いうちに。

ここが苦手…

もそもそする食感が苦手なら、ねっとり系のメークインに。逆にねっとりが苦手なら、男爵を選ぶとよい。

レンジでかんたんホクッと食感

レンジ肉じゃが

（15分）

冷蔵 3日　冷凍 ×

材料（4人分）

じゃがいも…4個（600g）
にんじん…1本
牛もも薄切り肉…200g
A だし汁…大さじ4
　　しょうゆ、砂糖、酒
　　…各大さじ3

作り方

1 じゃがいもとにんじんは皮をむき、それぞれ1cm幅のいちょう切りにする。

2 耐熱容器に1、牛もも薄切り肉、Aを入れて混ぜ合わせる。ふんわりとラップをして、電子レンジで5分加熱する。

3 2を取り出して軽く混ぜ、ラップをしてさらに7分加熱する。

リメイク

水を足してカレールウを溶かすと和風カレーに。

濃厚なしょっぱさが、いもの甘みにマッチ

じゃがいもの塩辛バター

（10分）

冷蔵 3日　冷凍 ×

材料（4人分）

じゃがいも…小4個（400g）
いかの塩辛（市販）…大さじ4
バター…20g
粗びき黒こしょう…少々

作り方

1 じゃがいもは皮ごとよく洗って1個ずつラップに包み、電子レンジで4分、上下を返してさらに4分加熱する。

2 1にナイフで十字に切り込みを入れ、熱いうちにいかの塩辛、バターを等分にのせて粗びき黒こしょうをふる。

調理のポイント

皮ごと食べたくない場合は、加熱後の熱いうちにむくとかんたん。

少しの油がうまみをアップさせる

やみつきペッパーポテト

（15分）

冷蔵 3日　冷凍 2週間

材料（4人分）

じゃがいも…4個（600g）
サラダ油…大さじ2
焼き肉のたれ（市販）
　　…大さじ4½
粗びき黒こしょう…適量

作り方

1 じゃがいもは皮ごとよく洗い、7mm幅の輪切りにし、ペーパータオルで水けをふき取る。

2 フライパンにサラダ油を中火で熱し、1を両面2〜3分ずつ焼く。焼き肉のたれを加え、ふたをして5分ほど蒸し焼きにし、じゃがいもに火を通す。

3 2のふたをはずして強火にし、汁けをとばして粗びき黒こしょうをふる。

火を使わない

包丁使わない

食材ひとつ

火を使わない

乳製品はじゃがいもとの相性ぴったり

じゃがいもとコーンのグラタン風

（10分）

冷蔵 3日　冷凍 2週間

材料（4人分）
じゃがいも…4個（600g）
ベーコン…3枚
ピザ用チーズ…80g
A 生クリーム…130㎖
　コーンクリーム缶…100g
　塩…小さじ1
　こしょう…少々

作り方

1 じゃがいもは皮をむいて極薄切りにする。耐熱容器に入れ、ふんわりとラップをして電子レンジで3分加熱する。ベーコンは短冊切りにする。

2 耐熱容器に1、合わせたAを入れて混ぜ、ピザ用チーズを散らして、オーブントースターで5分ほど焼く。

包丁使わない

外はチーズでカリッと、中はいもでホクッと

じゃがいもとハムのガレット

（15分）

冷蔵 3日　冷凍 2週間

材料（4人分）
じゃがいも…4個（600g）
ロースハム…4枚
ピザ用チーズ…80g
A 塩…小さじ¼
　こしょう…少々
サラダ油…大さじ1

作り方

1 じゃがいもはピーラーで皮をむいてスライサーでせん切りにする。ロースハムはキッチンばさみでせん切りにする。

2 保存袋に1、ピザ用チーズ、Aを入れて混ぜ合わせる。

3 フライパンにサラダ油を中火で熱し、2を広げて両面3〜5分ずつ焼き、キッチンばさみで食べやすい大きさに切る。

時短のコツ
材料を保存袋に入れ、空気を入れてふり混ぜれば、混ぜやすく洗いものも減らせる。

食材ひとつ

やっぱり揚げものが美味しい

ザクザクハッシュポテト

（15分）

冷蔵 3日　冷凍 2週間

材料（4人分）
じゃがいも…4個（600g）
A 片栗粉…大さじ1
　塩…小さじ⅓
　こしょう…少々
揚げ油…適量

作り方

1 じゃがいもは皮ごとよく洗い、1個ずつラップに包んで電子レンジで4分加熱する。

2 熱いうちにじゃがいもの皮をむいてボウルに入れ、フォークなどで粗くつぶす。Aを加え混ぜ合わせて8等分にし、小判形に成形する。

3 180℃の揚げ油で、2をきつね色になるまで5分ほど揚げる。

コンビーフの塩けで皮まで美味しく食べられる

コンビーフのジャケットポテト

（15分）

冷蔵 3日 ／ 冷凍 ×

材料（4人分）
じゃがいも…4個（600g）
コンビーフ缶…1缶（80g）
クリームチーズ…10g

作り方
1 じゃがいもは皮ごとよく洗い、1個ずつラップに包んで電子レンジで4分加熱する。上下を返し、さらに3分加熱したら十字に切り込みを入れる。

2 天板に**1**を並べ、切り込みにコンビーフ缶を等分に詰めてオーブントースターで5分ほど焼き、ちぎったクリームチーズ、お好みでパセリのみじん切りを等分にのせる。

火を使わない

粗めにつぶして、ホクホク食感を残して

ポテトサラダ

（12分）

冷蔵 3日 ／ 冷凍 ×

材料（4人分）
じゃがいも…4個（600g）
ロースハム…4枚
きゅうり…1本
塩…適量
A マヨネーズ…大さじ4
　塩、こしょう…各適量

作り方
1 じゃがいもは皮ごとよく洗い、1個ずつラップに包んで電子レンジで3分加熱する。上下を返し、さらに2分加熱したら手で皮をむく。ボウルに入れ、フォークなどで粗くつぶす。

2 ロースハムはキッチンばさみで細切りにする。きゅうりはスライサーで薄い輪切りにして塩をふってもみ、水けを絞る。

3 **1**に**2**を加えて混ぜ、**A**を加えて混ぜ合わせる。

リメイク
パンにはさんでサンドに。

包丁使わない

長期保存レシピ

もちもち食感がクセになる

（25分）

いももち

作り方＋材料（作りやすい分量）

1 じゃがいもはゆでてから皮をむいてつぶし、**A**を混ぜ合わせたら、10等分にして丸める。

じゃがいも…4個（600g）
A 砂糖…大さじ2
　片栗粉…大さじ1½
　塩、こしょう…各少々

2 フライパンにバターを弱めの中火で熱し、**1**の両面を焼き色がつくまで焼く。

バター…10g

冷蔵 1週間 ／ 冷凍 1か月

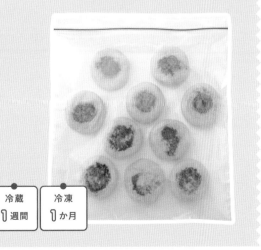

なす

夏野菜のひとつで、水分量が多いのが特徴。
定番の長卵形から、丸いものや長いものなどさまざまな形がある。

目利きのコツ

● ツヤがあり、色にムラがなく均一
● ガクについたとげが、かたく鋭い

ここが美味しい！

加熱すると、とろとろな食感になり、油で炒めると甘みが増す。味しみも早いので、超速で美味しいおかずになる。

ここが苦手…

独特な渋さやえぐみが嫌な場合は、水に浸けてアク抜きを。皮のキュッキュッという食感が気になるなら、皮をすべてむくか、縞目にむいても。

このカツ
とろとろで
美味ですわ！

なすを揚げました！
ふわとろ食感で
クセもなく
食べやすくなります

なす！

この甘辛みその
やつも
好きですわ〜

これもなすです！
生でも食べられるので
トースターで軽く
焼くだけでもOK！

なす!!

この甘酸っぱい
ドレッシングのも…

なすです！
しかもレンチン
しただけ！

なぁぁぁす！

全部なすじゃないの！

なす
なす
なす
なす
なす

これでお嬢様は
なすのトリコ
ですね！

油とからめるとレンチンでもとろっと
なすの揚げびたし風

(10 分)

材料（4人分）

なす…4本（280g）
ししとう…12本
ごま油…大さじ2
A 水…200ml
　　白だし…50ml
　　おろししょうが…小さじ1

作り方

1 なすはヘタを落として乱切りにする。ししとうはヘタを落とし、つま楊枝で穴をあける。

2 耐熱容器に**1**を入れ、ごま油をからめる。ふんわりとラップをして電子レンジで5分加熱する。

3 **2**が熱いうちに合わせた**A**をかける。

肉の脂がなすにしみわたる
なすの肉詰め

(15 分)

材料（4人分）

なす…4本（280g）
豚ひき肉…200g
塩、こしょう…各適量
片栗粉…小さじ4
サラダ油…大さじ1
酒…大さじ2
焼き肉のたれ（市販）
　　…大さじ4

作り方

1 ボウルに豚ひき肉、塩、こしょうを入れてよく練り混ぜ、4等分にする。

2 なすはヘタつきのまま1本ずつラップで包み、電子レンジで2分加熱する。底面側からキッチンばさみで深く十字に切り目を入れ、内側に片栗粉をまぶし**1**を詰める。全部で4個作る。

3 フライパンにサラダ油を中火で熱し、**2**をときどき転がして全体に焼き色をつける。酒を加えてふたをし、3分ほど蒸し焼きにしたら、焼き肉のたれを加えからめる。

外はサクッと、中はとろっと
なすのハーブカツ

(15 分)

材料（4人分）

なす…4本（280g）
塩…少々
小麦粉、溶き卵…各適量
A パン粉…40g
　　粉チーズ…大さじ3
　　パセリ（みじん切り）
　　　…大さじ1½
揚げ油…適量

作り方

1 なすはヘタを落として2cm幅の斜め切りにし、塩をふる。表面に水けが出てきたらしっかりふき取る。

2 **1**に小麦粉、溶き卵、合わせた**A**の順に衣をつけ、170℃の揚げ油でカラッと揚げる。

調理のポイント

外側の衣がきつね色になるまで揚げる。

マヨと肉の油分がポイント
なすと牛肉のみそマヨ炒め

⏱ **12分**

冷蔵 **3日** 冷凍 **2週間**

材料（4人分）

なす…4本（280g）
牛切り落とし肉…150g
A みそ…大さじ2
│ 酒、みりん…各大さじ1
マヨネーズ…大さじ2

作り方

1 なすはヘタを落として縦半分に切り、皮目に切り目を入れてから3cm幅の斜め切りにする。

2 牛切り落とし肉は食べやすい長さに切り、**A**をもみ込む。

3 耐熱容器に**1**を入れてマヨネーズをからめ、その上に**2**を広げる。ラップをせずに電子レンジで6〜8分加熱する。

調理のポイント

なすに味つけした牛肉をのせて加熱し、うまみを移す。

皮の食感が苦手な人にもおすすめ
なすのカルパッチョ

⏱ **8分**

冷蔵 **3日** 冷凍 **2週間**

材料（4人分）

なす…4本（280g）
A オリーブ油…大さじ4
│ バルサミコ酢…大さじ2
│ しょうゆ、砂糖
│ 　…各小さじ2
│ おろしにんにく…少々
粗びき黒こしょう…少々

作り方

1 なすはヘタを残したままピーラーで皮をむく。耐熱容器に入れ、ふんわりとラップをして電子レンジで5分加熱する。

2 **1**の粗熱がとれたら手で裂く。合わせた**A**をかけ、粗びき黒こしょうをふる。

リメイク

そうめんに加える。大きめな具材でボリュームアップ。

しっかり味のたれとの相性ぴったり
ヤンニョムなす田楽

⏱ **13分**

冷蔵 **3日** 冷凍 **2週間**

材料（4人分）

なす…4本（280g）
A コチュジャン…大さじ2
│ しょうゆ、砂糖
│ 　…各大さじ½
│ ごま油、おろしにんにく
│ 　…各小さじ1
白いりごま…適量

作り方

1 なすはヘタを落として縦半分に切り、皮目に切り目を入れる。

2 天板に**1**を並べて切り口に合わせた**A**を塗り、オーブントースターで7〜10分焼く。白いりごまをふる。

調理のポイント

表面が焦げそうな場合は、アルミホイルをかぶせてなすにしっかり火を通す。

皮を焦がしてむくと異次元のとろみに

焼きなすのエスニックサラダ

15分

冷蔵 4日 / 冷凍 ✕

材料（4人分）

なす…4本（280g）
紫玉ねぎ…½個
香菜…適量
ピーナッツ…10g
A 赤唐辛子（種を除いて
　小口切り）…1本分
　酢…大さじ4
　ナンプラー…大さじ3
　砂糖…大さじ1
　おろしにんにく…小さじ1

作り方

1 なすはヘタを落としてオーブントースターで皮が焦げるまで焼き、皮をむいて食べやすく手で裂く。

2 紫玉ねぎは繊維を断ち切るように薄切りにし、水にさらして水けをきる。香菜、ピーナッツは粗く刻む。

3 ボウルにAを混ぜ合わせ、1、2を加えてあえる。

火を使わない

皮を焼いて香ばしさをプラス

なすのくたくた煮

15分

冷蔵 3日 / 冷凍 2週間

材料（4人分）

なす…4本（280g）
サラダ油…大さじ1
A 水…200㎖
　めんつゆ（3倍濃縮）
　　…大さじ4

作り方

1 なすはヘタを残したままピーラーで3か所ほど皮をむき、水にさらして水けをきる。

2 フライパンにサラダ油を中火で熱し、1の皮目をさっと焼く。Aを加えてふたをし、10分ほど煮る。

リメイク

食べやすく切って、みそ汁の具材に。

包丁使わない

長期保存レシピ

さっぱりさわやかな、ごはんのおとも

なすの山形だし風

8分

作り方＋材料（作りやすい分量）

1 **なす、きゅうり、みょうが、青じそをそれぞれ粗みじん切りにする。なすは水にさらして水けをきる。**

なす…5本（350g）、きゅうり…1本
みょうが…2個、青じそ…5枚

2 **保存瓶に1、Aを入れてよく混ぜ合わせる。**

A 刻みがごめ昆布（乾燥）…10g
　めんつゆ（3倍濃縮）…大さじ4

冷蔵 1週間 / 冷凍 ✕

かぼちゃ

緑黄色野菜で甘く、子どもにも大人気の野菜。
主に流通している西洋かぼちゃは、ホクホクしていて濃厚な甘みが特徴。

ここが美味しい！

シンプルに焼くだけでも甘みがあり十分美味しい。ホクホク感が引き立つ天ぷらなどの揚げものもおすすめ。

目利きのコツ

- ●ヘタがよく乾燥している
- ●表面の皮の緑色が濃い

ここが苦手…

甘みがじゃまして、ごはんとの相性が合わないのではと悩んでいるなら、辛みをプラスしてみては。甘さと辛さのバランスで、ごはんがよくすすむ。

厨房

今日はかぼちゃスイーツかしら…

きょうのメインは麻婆かぼちゃです！

イヤですわあああ！！
スイーツは〜！？

まぁそう言わずひと口だけでも…

ピリ辛と甘みが合いますわ！

美味…！

カレー味も合うんですよ！

サプライズ！
デザートのかぼちゃプリンですよお嬢様！

先におっしゃってくださる！！？

でもプリンも食べた

ゲフウ

甘みをいかしてデリ風にまとめて

かぼちゃとクリームチーズのサラダ

（8分）

| 冷蔵 3日 | 冷凍 1か月 |

材料（4人分）
かぼちゃ…¼個（350g）
クリームチーズ…60g
レーズン…大さじ2
A マヨネーズ…大さじ2
│ 塩、こしょう…各適量
アーモンドスライス…適量

作り方
1 かぼちゃは種とわたを除いて1.5cm厚さに切る。耐熱容器に並べ、ふんわりとラップをして電子レンジで5分加熱する。クリームチーズは1cm角に切る。

2 1のかぼちゃを熱いうちにボウルに入れ、フォークなどで粗くつぶしてAを加えて混ぜ合わせる。

3 2にクリームチーズ、レーズンを加えてあえ、アーモンドスライスを散らす。

リメイク
パンにはさんでサンドに。

甘みとピリ辛でごはんがすすむ

かぼちゃの麻婆あん

（15分）

| 冷蔵 3日 | 冷凍 1か月 |

材料（4人分）
かぼちゃ…大¼個（450g）
豚ひき肉…150g
ごま油…大さじ1
A おろしにんにく、豆板醤
│ …各小さじ1
B 水…150mℓ
│ オイスターソース…大さじ1
C 片栗粉、水…各大さじ1

作り方
1 かぼちゃは種とわたを除いてラップで包み、電子レンジで5分加熱する。粗熱をとり、保存容器にひと口大に割り入れる。

2 フライパンにごま油を中火で熱し、豚ひき肉を炒める。Aを加えて炒め合わせ、香りが立ったらBを加えて2分ほど煮る。合わせたCを加えてとろみをつける。

3 1に2をかける。

ホクッと食感がたまらない

ひと口かぼちゃコロッケ

（15分）

| 冷蔵 3日 | 冷凍 1か月 |

材料（4人分）
かぼちゃ…大¼個（450g）
コンソメスープの素（顆粒）
　…小さじ1
天ぷら粉…50g
水…70mℓ
パン粉、揚げ油…各適量

作り方
1 かぼちゃは種とわたを除き、皮をところどころむいて3cm角に切る。耐熱容器に入れてふんわりとラップをし、電子レンジで2分加熱する。

2 1にコンソメスープの素、天ぷら粉大さじ1をまぶす。

3 残りの天ぷら粉、水を混ぜ合わせ、2をからめてパン粉をまぶし、180℃の揚げ油できつね色になるまで揚げる。

調理のポイント
コンソメをプラスしてうまみアップ。

かぼちゃの歯ごたえ残る食感が新鮮

かぼちゃの酢のもの

⏱ **7**分

冷蔵 **3**日 ／ 冷凍 **1**か月

材料（4人分）

かぼちゃ … ¼ 個（350g）
ロースハム … 4 枚
A すし酢、だし汁 … 各50㎖
　 粗びき黒こしょう … 少々

作り方

1 かぼちゃは種とわたを除いて太めのせん切りにし、耐熱容器に入れる。ふんわりとラップをして電子レンジで 2 分加熱し、ザルにあげる。ロースハムは細切りにする。

2 保存容器に **A** を入れて混ぜ合わせ、**1** を加え味をなじませる。

辛みや乳製品がかぼちゃの甘みを引き立てる

かぼちゃのキムチチーズ焼き

⏱ **15**分

冷蔵 **3**日 ／ 冷凍 **1**か月

材料（4人分）

かぼちゃ … 大 ¼ 個（450g）
白菜キムチ … 100g
ピザ用チーズ … 50g
マヨネーズ … 大さじ 1

作り方

1 かぼちゃは種とわたを除いてラップで包み、電子レンジで 5 分加熱する。粗熱をとり、耐熱容器にひと口大に割り入れる。

2 白菜キムチは汁けを軽く絞り、**1** に加えてさっくりとあえる。上にマヨネーズを広げ、ピザ用チーズを散らす。

3 **2** をオーブントースターで焼き色がつくまで 5 分ほど焼く。

調理のポイント

水っぽくならないように、キムチの汁けをしっかり絞る。

香ばしく焼いて風味を引き出す

かぼちゃのさっぱり
ごま入り揚げびたし

⏱ **15**分

冷蔵 **3**日 ／ 冷凍 **1**か月

材料（4人分）

かぼちゃ … ¼ 個（350g）
サラダ油 … 適量
A めんつゆ（3 倍濃縮）
　 … 大さじ 2
　 酢、水、白すりごま
　 … 各大さじ 1

作り方

1 かぼちゃは種とわたを除いて 8 等分に切る。

2 フライパンに深さ 1㎝ほどのサラダ油を入れて中火で熱し、**1** を揚げ焼きにする。

3 保存容器に **A** を混ぜ合わせ、**2** を熱いうちに加えて味をなじませる。

リメイク

冷やし中華の具材に。

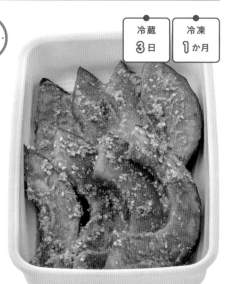

はちみつレモンでデザート風に仕上げる

かぼちゃグリルのはちみつレモン

8分

冷蔵 **3**日　冷凍 **1**か月

材料（4人分）

かぼちゃ…大¼個（450g）
レモン（国産）…½個
オリーブ油…大さじ1
はちみつ…大さじ2

作り方

1 かぼちゃは種とわたを除いて1cm厚さに切り、長さを2等分にしてオリーブ油をまぶす。レモンはよく洗い、皮ごと薄い半月切りにする。

2 天板にかぼちゃを並べ、オーブントースターで焼き色がつくまで5分ほど焼く。

3 保存容器に**2**を入れてレモンをのせ、はちみつをかける。

みそバターの塩けが甘いかぼちゃにマッチ

かぼちゃのみそバターコーンマッシュ

10分

冷蔵 **3**日　冷凍 **1**か月

材料（4人分）

かぼちゃ…大¼個（450g）
ホールコーン缶…50g
A バター…大さじ2
　　みそ…大さじ½
牛乳…大さじ2～
塩、粗びき黒こしょう
　　…各少々

リメイク

加熱しながら牛乳や豆乳でのばしてポタージュに。

作り方

1 かぼちゃは種とわたを除き、さっと水でぬらして耐熱容器に入れる。ふんわりとラップをして電子レンジで8分加熱し、熱いうちに手で皮を除いてボウルに入れる。

2 **1**に**A**を加えてフォークでつぶす（もしくはミキサーで撹拌する）。牛乳を少しずつ加えてお好みのかたさにし、塩で味を調える。

3 **2**に缶汁をしっかりきったホールコーン缶を加えてあえ、粗びき黒こしょうをふる。

長期保存レシピ

スパイスがかぼちゃの風味を引き立てる

かぼちゃの カレーミートソース

20分

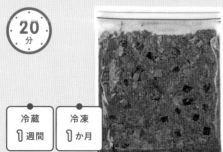

冷蔵 **1**週間　冷凍 **1**か月

作り方＋材料（作りやすい分量）

1 かぼちゃは種とわたを除き、皮をところどころむいて1cm角に切る。玉ねぎはみじん切りにする。

かぼちゃ…¼個（350g）、玉ねぎ…½個

2 フライパンにオリーブ油を中火で熱して**A**を炒める。肉に火が通ったら玉ねぎ、おろしにんにくを加えて炒め合わせる。かぼちゃ、**B**を加えてふたをし、中火で10分ほど煮る。ふたをはずし、汁けをとばしながら1分ほど煮る。

オリーブ油…大さじ2
A 合いびき肉…200g、カレー粉…大さじ1
おろしにんにく…小さじ2
B カットトマト缶…1缶（400g）、水…250ml
　　塩…小さじ⅔、赤唐辛子（種を除く）…1本分

ピーマン

夏野菜のひとつで、唐辛子の仲間だが辛くない。
緑色は未熟なうちに収穫したもので、赤色は完熟させているため甘みが強い。

ここが美味しい!

鮮やかな色とシャキシャキ感が特徴なので、生はもちろん、加熱する場合は短時間にして色と食感を味わおう。

目利きのコツ

- 表面にツヤがありしわがない
- ヘタにハリがあり変色していない

ここが苦手…

繊維にそって縦切りにすると苦みがおさえられる。青くささが気になる場合は、冷凍保存をするとにおいがやわらいで食べやすくなる。

短時間加熱でピーマンの食感を残す

ピーマンと桜えびの卵炒め

(10分)

冷蔵 3日　冷凍 1か月

材料（4人分）
ピーマン…6個（240g）
卵…4個
A 桜えび…10g
　ごま油…大さじ½
　鶏がらスープの素（顆粒）
　　…小さじ2

調理のポイント
卵はやや半熟に仕上げ、粗熱をとりながら蒸らすことでふっくらと仕上がる。

作り方
1 ピーマンはヘタと種を除き、縦半分に切って横に5mm幅に切る。耐熱容器に入れ、Aを加えて混ぜ、ふんわりとラップをして電子レンジで2分加熱する。

2 ボウルに卵を割りほぐす。

3 1を耐熱容器の中央に寄せ、周りに2を流し入れ、ふんわりとラップをして電子レンジで1分加熱する。取り出してさっと混ぜ、ラップをしてさらに2分加熱し、粗熱がとれるまで蒸らす。

切らずに香ばしく焼いて、苦みをやわらげる

まるごとピーマンのおかかまぶし

(10分)

冷蔵 3日　冷凍 1か月

材料（4人分）
ピーマン…8個（320g）
サラダ油、しょうゆ
　…各大さじ1
かつお節…5g

調理のポイント
ピーマンはたまに転がして全体に焼き色をつける。

作り方
1 ピーマンはつま楊枝で数か所穴をあける。

2 フライパンにサラダ油を中火で熱し、1を全体に焼き色がつくまで7〜8分焼く。

3 2にしょうゆを加えさっと炒めて味をなじませ、火を止めてかつお節を加え混ぜ合わせる。

くったりとしたピーマンに漬け汁がしみる

焼きピーマンのマリネ

(7分)

冷蔵 3日　冷凍 1か月

材料（4人分）
ピーマン…8個（320g）
A フレンチドレッシング
　（市販・透明）…大さじ6
　粒マスタード…大さじ1

作り方
1 ピーマンはヘタと種を除き、縦半分に切る。天板に並べ、オーブントースターで焼き色がつくまで5分ほど焼く。

2 保存容器にAを混ぜ合わせ、1を熱いうちに加えて味をなじませる。

火を使わない

包丁使わない

食材ひとつ

種もわたも美味しいからまるごとどうぞ

ピーマンとたこのアヒージョ

15分

冷蔵 3日　冷凍 1か月

材料（4人分）

ピーマン…6個（240g）
ゆでだこ…150g
にんにく…2片
A 赤唐辛子（種を除く）
　…1本分
　オリーブ油…200mℓ
　塩…小さじ½

作り方

1 ピーマンは手で押しつぶす。ゆ
でだこはひと口大に切る。にん
にくは包丁の腹でつぶす。

2 耐熱容器にピーマン、にんにく、
Aを入れ、アルミホイルをかけ
てオーブントースターで10分
ほど加熱する。

3 2のピーマンがやわらかくなっ
たら、ゆでだこを加えて1分ほ
ど加熱する。

リメイク

うまみたっぷりのオイルとゆ
でたスパゲッティをからめて
ペペロンチーノに。

美味しいルールにのっとれば詰めなくてもOK

スコップピーマン肉詰め

15分

冷蔵 3日　冷凍 1か月

材料（4人分）

ピーマン…6個（240g）
合いびき肉…450g
フライドオニオン…20g
小麦粉…適量
A パン粉…40g
　牛乳…100mℓ
B 塩…小さじ½
　こしょう…少々
オリーブ油…適量

作り方

1 ピーマンはキッチンばさみで横
半分に切り、種は残したまま内
側に小麦粉を薄くまぶす。

2 フライパンにAを混ぜ合わせ、
合いびき肉、フライドオニオン、
Bを加えて粘りがでるまで練り
混ぜ、平らに広げる。

3 2に1をうめ込み、オリーブ油
を回しかける。ふたをして中火
で8分ほど焼いてそのまま2
分ほど蒸らす。

唐辛子同士合わないわけがない

ピリ辛ピーマンみそ

10分

冷蔵 5日　冷凍 1か月

材料（4人分）

ピーマン…8個（320g）
ごま油…大さじ1
A 赤唐辛子（種を除き
　　小口切り）…1本分
　みそ…大さじ4
　砂糖、みりん…各大さじ1
　しょうゆ…小さじ1
白いりごま…大さじ1

作り方

1 ピーマンはヘタと種を除き、1
cm角に切る。

2 フライパンにごま油を中火で
熱し、1を4分ほど炒める。し
んなりしたら合わせたAを加
え、弱火で2分ほど煮つめる。

3 とろみがついて全体がまとまっ
てきたら、火を止めて白いりご
まを加えて混ぜ合わせる。

リメイク

揚げ焼きしたなすと合わせて
みそ炒め風に。

チーズでピーマンの苦みをまろやかに

ピーマンのチーズサンド

（10分）

冷蔵 3日　冷凍 1か月

材料（4人分）
ピーマン…8個（320g）
プロセスチーズ…8個
塩、粗びき黒こしょう
　…各少々
スイートチリソース…大さじ3

作り方

1　ピーマンの中央に縦に切り目を入れ、種は残したままプロセスチーズを中に入れる。

2　天板に**1**の切り目を上にして並べ、オーブントースターで6〜8分火が通るまで焼き、塩、粗びき黒こしょうをふって、スイートチリソースをかける。

調理のポイント

チーズが溶け出さないように、深く中に押し込む。

火を使わない

手でつぶすと味なじみがよくなる

ぐるぐるピーマンの酢豚

（12分）

冷蔵 3日　冷凍 1か月

材料（4人分）
ピーマン…8個（320g）
豚バラ薄切り肉…8枚
塩、こしょう…各少々
片栗粉…適量
ごま油…大さじ1
水…大さじ2
A トマトケチャップ、
　　ポン酢しょうゆ
　　…各大さじ3
　砂糖…大さじ1

作り方

1　ピーマンは手で押しつぶす。豚バラ薄切り肉に塩、こしょうをふり、ピーマンに1枚ずつ巻きつけ、片栗粉を薄くまぶす。全部で8個作る。

2　フライパンにごま油を中火で熱し、**1**を巻き終わりを下にして焼き、ときどき転がして全体に焼き色をつける。水を加えてふたをし、弱めの中火にして4分ほど蒸し焼きにする。

3　**2**に**A**を加え、とろみがつくまでからめる。

包丁使わない

長期保存レシピ

苦みが消えてピーマン嫌いも好きになる

塩水ピーマン

（5分）＋ 漬け時間 半日

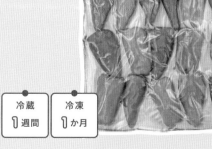

作り方＋材料（作りやすい分量）

1　**ピーマンはヘタと種を除き、縦半分に切る。**

ピーマン…8個（320g）

2　**保存袋にAを入れて混ぜ、1を加えて冷蔵庫で半日ほどなじませる。**

A 水…400ml
　塩…大さじ1

冷蔵 1週間　冷凍 1か月

パプリカ

大型の肉厚なピーマンのことを呼ぶ。みずみずしくて甘みがあり、彩りもよいので、
さまざまな色を組み合わせて調理することも多い。

ここが美味しい！

カラフルで食感がよいので、サラダがおすすめ。もともと甘みはあるが、加熱するとさらに甘みがアップする。

目利きのコツ

● 色が鮮やかでムラがない
● ツヤやハリがある

ここが苦手…

食感が気になるなら、焼いて皮をむく。においや甘みが苦手な場合は、カレーなどの味の濃い料理に使うとやわらぐ。

あらこんなカラフルなお野菜があるのね

パプリカです！今日はタイの人気料理ガパオですよ〜

…なんだかピーマンに似てますわ　苦いのでは…？

じっ…

いえいえパプリカは**苦みが少ない**のが特徴です！

確かに！甘いパプリカにエスニックの味わいが美味ですわ〜

加熱するとより甘みが増すんです！和・洋・中どれでも合わせやすいですよ

和洋中！

あれどうした？

うーん…

パプリカがあまりに甘くて美味しいからデザートにしてってお嬢様が…

パプリカの甘みがエスニックで際立つ

パプリカのガパオ

(10分)

冷蔵 3日　冷凍 1か月

材料（4人分）

パプリカ（赤・黄）
…各1個（300g）
豚ひき肉…200g
バジルの葉…5g
サラダ油…大さじ½
A オイスターソース…大さじ1
　ナンプラー…大さじ½
　砂糖、おろしにんにく
　　…各小さじ1
　塩、粗びき黒こしょう
　　…各少々

作り方

1 パプリカはヘタと種を除いて1
cm角に切る。

2 耐熱容器に1、豚ひき肉の順
に重ね、サラダ油を回し入れ
る。ふんわりとラップをして電
子レンジで3分加熱する。

3 2にAを加えて混ぜ、ラップを
せずにさらに5分加熱する。バ
ジルの葉を手でちぎって加え、
さっくりとあえる。

火を使わない

油分がなじんでコクがでる

パプリカとチキンのオイル煮

(15分)

冷蔵 3日　冷凍 1か月

材料（4人分）

パプリカ(赤)…2個（300g）
鶏もも肉（から揚げ用）
　…300g
にんにく…2片
A オリーブ油…50ml
　しょうゆ、砂糖…各大さじ1
　塩…小さじ½
水…50ml

時短のコツ

フライパンで下味をつけるこ
とで、洗いものが減る。

作り方

1 パプリカは手で押しつぶし、ヘ
タと種を除いて縦6等分に裂
く。にんにくはめん棒などでた
たき割る。

2 フライパンに鶏もも肉を入れて
Aを加え、手でもみ込む。

3 2に1、水を加えて中火で熱
し、煮立ったらさっと混ぜ合わ
せ、ふたをして10分ほど蒸し
煮にする。

包丁使わない

食感を残して歯ざわりよく

パプリカの煮びたし

(5分)

冷蔵 3日　冷凍 1か月

材料（4人分）

パプリカ（黄）…2個（300g）
A 水…200ml
　めんつゆ（3倍濃縮）
　　…大さじ4
かつお節…2g

作り方

1 パプリカはヘタと種を除き、4
つ割りにしてから斜め細切りに
する。

2 小鍋にAを煮立て、1を加えて
再び煮立ったら火を止め、かつ
お節を加えて混ぜ合わせる。

食材ひとつ

時短のコツ

めんつゆだけで味がしっかり
決まって時短に。

きゅうり

ほとんどが水分で、体を冷やしたい夏におすすめの野菜。
熱中症対策として必要なミネラルも摂取できて低カロリーなのもポイント。

目利きのコツ
- イボがとがっていて太さが均一
- 鮮やかな緑色でハリがある

ここが美味しい！

ポリポリ食感が美味しい漬けものやサラダはもちろん、さっと火を通してしなっとさせた炒めものもおすすめ。

ここが苦手…

青くさいのが嫌いなら、皮をむく。ヘタを切ったときに切り口をこすり合わせると、えぐみが抜ける。それでも気になるなら、種を除いたり、塩もみもしっかりしてみて。

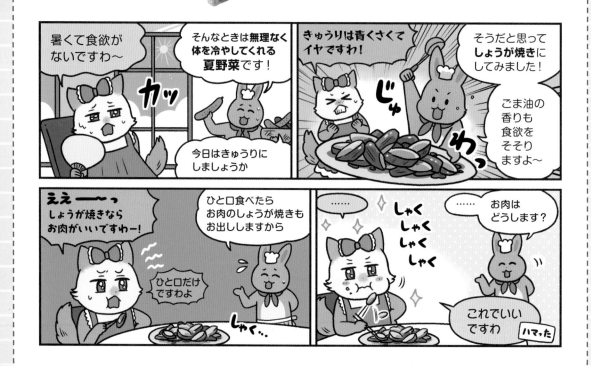

暑くて食欲がないですわ〜

そんなときは無理なく体を冷やしてくれる夏野菜です！

今日はきゅうりにしましょうか

カッ

きゅうりは青くさくてイヤですわ！

じゅ

そうだと思って**しょうが焼き**にしてみました！

ごま油の香りも食欲をそそりますよ〜

わっ

ええ――っしょうが焼きならお肉がいいですわ―！

ひと口食べたらお肉のしょうが焼きもお出ししますから

ひと口だけですわよ

しゃく…

……

しゃくしゃくしゃくしゃく

…… お肉はどうします？

これでいいですわ

ハマった

焼くことで香ばしい味わいに変化

きゅうりのチーズ焼き

⏱ 15分

冷蔵	冷凍
③日	✕

材料（4人分）

きゅうり…3本（300g）
スライスチーズ…4枚
オリーブ油…大さじ2
塩…小さじ1

作り方

1 きゅうりは両端を落として半分の長さに切り、さらに縦半分に切る。スライスチーズは1枚を3等分にする。

2 天板にきゅうりを並べ、オリーブ油、塩をかけ、スライスチーズを1切れずつのせる。全部で12本作り、オーブントースターで10分ほど焼く。

たたいたきゅうりにソースがよくからむ

きゅうりとひき肉のオイスター炒め

⏱ 10分

冷蔵	冷凍
③日	✕

材料（4人分）

きゅうり…3本（300g）
豚ひき肉…150g
塩…小さじ½
サラダ油…小さじ2
おろしにんにく…小さじ½
A オイスターソース
　　…大さじ2
　酒…大さじ1
　しょうゆ…小さじ1

作り方

1 きゅうりはめん棒などでたたいて割り、塩をふって水けをふき取る。

2 フライパンにサラダ油、おろしにんにくを入れて弱火にかける。香りが立ったら豚ひき肉を加え、肉に火が通るまで中火で炒める。

3 2に1を加えてさらに炒め、合わせたAを加え炒め合わせる。

みその風味で青くささなし

きゅうりのみそもみ

⏱ 12分

冷蔵	冷凍
④日	✕

材料（4人分）

きゅうり…3本（300g）
A みそ…大さじ1½
　白すりごま…小さじ1

作り方

1 きゅうりは両端を落として薄い輪切りにする。

2 保存袋に1、Aを入れてよくもみ、10分ほどおいて味をなじませる。

リメイク

パンにのせて焼いてみそ味の和風トーストに。

食感の違いを楽しむ
きゅうりと豆のコロコロマリネ

（8分）

冷蔵 3日　冷凍 ×

材料（4人分）

きゅうり…3本（300g）
玉ねぎ…¼個
にんにく（みじん切り）…1片分
ミックスビーンズ…80g
塩…少々
A 酢、オリーブ油
　　…各大さじ2
　砂糖、フレンチマスタード
　　…各小さじ1
　塩…小さじ⅓

作り方

1 きゅうりは両端を落として縞目に皮をむき、1cm幅の輪切りにする。玉ねぎは1cm角に切り、塩を加えた水にさらして水けを絞る。

2 ボウルにAを混ぜ合わせ、1、にんにく、ミックスビーンズを加えてよくあえる。

薄切りにするとたれがよくからむ
ひらひらきゅうりとサラダチキンのバンバンジー風

（7分）

冷蔵 3日　冷凍 ×

材料（4人分）

きゅうり…3本（300g）
サラダチキン（プレーン）
　　…2パック
しゃぶしゃぶ用ごまだれ
　（市販）…120mℓ
ラー油…大さじ1

作り方

1 きゅうりはピーラーでリボン状の薄切りにし、サラダチキンは手で裂いてほぐす。

2 ボウルに1、しゃぶしゃぶ用ごまだれを入れてあえ、ラー油をかける。

淡白な味わいにしょうがじょうゆが合う
きゅうりのしょうが焼き

（8分）

冷蔵 5日　冷凍 ×

材料（4人分）

きゅうり…3本（300g）
ごま油…大さじ2
A しょうゆ…大さじ3
　おろししょうが…大さじ1

作り方

1 きゅうりはめん棒などでたたいて割る。

2 フライパンにごま油を中火で熱し、1を5分ほど炒め、Aを加えて炒め合わせる。

リメイク

豚ひき肉、豆腐、豆板醤と炒め合わせて麻婆豆腐風に。

塩をふるひと手間で見た目も味もアップ

きゅうりハムチーズのくるくる

 15分

冷蔵	冷凍
3日	×

材料（4人分）

きゅうり…4本（400g）
ロースハム…8枚
スライスチーズ…8枚
塩…少々

作り方

1 きゅうりは両端を落として長さを半分にし、ピーラーで8枚にスライスする（全部で64枚作る）。塩をふり、ペーパータオルではさんで水けをふき取る。

2 ロースハム、スライスチーズをきゅうりの大きさに合わせて4等分に切り、1のきゅうり2枚の上にのせてくるくる巻く。

3 2のつま楊枝に2個ずつ刺し、全部で16本作る。

調理のポイント

きゅうりは水分がでやすいので、巻く前に塩をふって水けをしっかりふく。

炒めても食感のよさはそのまま

きゅうりとじゃこのピリ辛きんぴら

 10分

冷蔵	冷凍
5日	×

材料（4人分）

きゅうり…3本（300g）
ちりめんじゃこ…30g
ごま油…大さじ2
A 赤唐辛子（種を除いて小口切り）…2本分
　しょうゆ…大さじ2
　みりん、酒…各大さじ1

作り方

1 きゅうりはめん棒などでたたいて割る。

2 フライパンにごま油を中火で熱し、1、ちりめんじゃこを5分ほど炒める。Aを加えて炒め合わせる。

リメイク

ごはんと炒めてチャーハンに。

長期保存レシピ

香り高い洋風漬けもの

きゅうりの ピクルス

 7分 + 漬け時間 1時間以上

冷蔵	冷凍
1週間	1か月

作り方＋材料（作りやすい分量）

1 きゅうりは両端を落として縞目に皮をむき、1.5cm幅の輪切りにする。

きゅうり…6本（600g）

2 小鍋にAを入れて中火でひと煮立ちしたら、火を止めて粗熱をとる。保存瓶に1、お好みでタイムとともに入れて混ぜ合わせ、冷蔵庫で1時間以上おく。

A 赤唐辛子（種を除き小口切り）…1本分
　酢…150ml
　砂糖、白ワイン…各大さじ2
　塩…小さじ1/4
（お好みで）タイム…適量

火を使わない

包丁使わない

この組み合わせで絶対美味しくなる

野菜別ドレッシング早見表

葉もの野菜

水菜

レタス

春菊

しょうゆドレッシング

さっぱり酸味が効いたドレッシングがおすすめ。
サラダ油は、オリーブ油やごま油に変えて風味を出しても。

サラダ油　　　　　酢　　　　　しょうゆ
大さじ **2** ＋ 大さじ **1** ＋ 大さじ **1**

市販品のイチ推し！ ● 和風　● 中華　● 青じそ　など

根菜

にんじん

大根

ごぼう

マヨポンごまドレッシング

味がしっかりからむような粘度のあるドレッシングが
ぴったり。ごまでコクをプラスして。

ポン酢しょうゆ　　白すりごま　　　マヨネーズ
大さじ **2** ＋ 大さじ **2** ＋ 大さじ **1**

市販品のイチ推し！ ● すりおろしオニオン　● ごま　など

サラダに合う
野菜ドレッシング
レシピ **1**

トマトドレッシング

作り方＋材料（作りやすい分量）

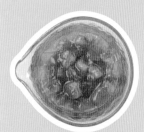

1 トマト1個（200g）はヘタを除き、湯むきして1cm角に切る。

2 ボウルにオリーブ油大さじ3、レモン汁大さじ2、塩小さじ½、こしょう少々を混ぜ合わせ、**1**を加えて混ぜる。

こんなサラダにおすすめ！

● 葉もの野菜サラダ

● 豆腐サラダ

● 海鮮サラダ

※お好みでバジル（乾燥）やおろしにんにくを加えてもよい。

野菜別、ドレッシングの黄金比を紹介します。
もっと美味しく野菜を食べるために自分好みにアレンジしたり、
市販のドレッシングをチョイスして、サラダのバリエーションを広げましょう。

食感野菜

ブロッコリー

きゅうり

グリーン
アスパラガス

チーズドレッシング

こっくりとしたチーズ系のドレッシングが相性バツグン。
ヨーグルトで酸味を加えると後味さっぱり。

プレーンヨーグルト	粉チーズ	オリーブ油	塩
大さじ 3	+ 大さじ 2	+ 大さじ 2	+ 小さじ 1/2

市販品のイチ推し！ ● シーザー ● コブサラダ ● フレンチ など

ほっくり野菜

じゃがいも

かぼちゃ

さつま
いも

ハニーマスタードドレッシング

粒マスタードとはちみつで酸味、甘みのバランスが調った
ドレッシングが◎。野菜の甘みも相まって、コク深い味わいに。

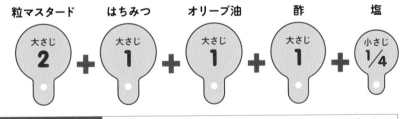

粒マスタード	はちみつ	オリーブ油	酢	塩
大さじ 2	+ 大さじ 1	+ 大さじ 1	+ 大さじ 1	+ 小さじ 1/4

市販品のイチ推し！ ● サウザンアイランド ● クリーミー ● マヨネーズ など

サラダに合う
野菜ドレッシング
レシピ **2**

玉ねぎドレッシング

作り方＋材料（作りやすい分量）

1 玉ねぎ 1 個（200g）は繊維を切るように
薄切りにする。

2 フライパンにサラダ油大さじ 3 を中火で
熱し、1 をきつね色になるまで炒める。

3 2 にしょうゆ、酢各大さじ 2、砂糖大さじ
1 を加えて軽く煮つめて冷ます。

こんなサラダにおすすめ！

● トマトサラダ

● 焼き野菜サラダ

● しゃぶしゃぶサラダ

大根

根菜類で冬野菜の代表格。昔は白首大根が有名だったが、
現在は辛みが少ない青首大根がよく出回っている。

目利きのコツ
- ハリがありみずみずしい
- まっすぐ伸びて丸みがある

ここが美味しい！

じっくり煮込むとやわらかくなり、味がよくしみて美味しい。葉に近い部分は甘みが多いので、せん切りにして生のままサラダにしても。

ここが苦手…

先端は辛みが強く、水分も少ないので漬けものや汁ものに使って。加熱して独特なにおいを感じる場合は、少量の米といっしょに下ゆですると軽減する。

レモンの香りでさっぱりくさみなし

大根とかにかまのレモンサラダ

(10分)

冷蔵 3日 / 冷凍 1か月

材料（4人分）

大根…½**本**（500g）
レモン（国産）…½個
かに風味かまぼこ…10本
塩…小さじ⅓
A オリーブ油…大さじ3
  しょうゆ…小さじ1
  塩…小さじ⅓
  こしょう…少々

作り方

1 大根は皮をむいてせん切りにし、塩をふって少しおき、しんなりとしたら水けを絞る。レモンはよく洗い、皮ごと薄いいちょう切りにし、かに風味かまぼこは手で細めに裂く。

2 ボウルに**A**を混ぜ合わせ、**1**を加えてあえる。

食感が新しい美味しさ

大根ぎょうざ

(15分)

冷蔵 3日 / 冷凍 2週間

材料（4人分）

大根…½**本**（500g）
豚ひき肉…300g
塩…小さじ1
小麦粉、ごま油…各大さじ2

作り方

1 大根は皮ごとスライサーで薄い輪切りにして32枚作る。保存袋に豚ひき肉、塩を入れてよくもみ、16等分にする。

2 大根の片面に小麦粉をふり、その面に**1**のひき肉をのせ、もう1枚ではさむ。全部で16個作る。

3 フライパンにごま油の½量を中火で熱して**2**の½量を並べ、ふたをして弱火で両面3分ずつ焼く。残りも同様に焼く。

葉に近い部分はこの味つけがベスト

大根の青のり炒め

(8分)

冷蔵 3日 / 冷凍 1か月

材料（4人分）

大根…½**本**（500g）
サラダ油…大さじ2
A 和風だしの素（顆粒）
    …小さじ2
  塩…小さじ½
青のり…大さじ2

作り方

1 大根は、皮をむいて細切りにする。

2 フライパンにサラダ油を中火で熱して**1**を炒める。

3 **2**がしんなりしたら**A**を加えて炒め合わせ、青のりを加えて混ぜ合わせる。

火を使わない

包丁使わない

食材ひとつ

うまみのあるベーコンと煮て深い味わいに

大根とベーコンのコンソメ煮

13分

冷蔵 **3**日 　冷凍 **1**か月

材料（4人分）

大根…½本（500g）
ベーコン（厚切り）…100g
A 水…400㎖
　 コンソメスープの素（顆粒）
　 …大さじ½

作り方

1 大根は皮をむいて7～8㎜幅の半月切りにし、ベーコンは1㎝角の棒状に切る。

2 耐熱容器に**1**、**A**を入れ、ふんわりとラップをして電子レンジで10分加熱する。

リメイク

市販のカレールウを加えて、大根カレーに。

大根とは思えないもちもち感

大根もち

10分

冷蔵 **3**日 　冷凍 **1**か月

材料（4人分）

大根…大½本（600g）
大根の葉…適量
桜えび…大さじ2
A 片栗粉…大さじ5
　 鶏がらスープの素（顆粒）
　 …小さじ1
　 塩…少々
ごま油…大さじ1

作り方

1 大根は皮ごとすりおろして水けをよく絞り、300gほどの分量にする。大根の葉はキッチンばさみで細かく切る。

2 ボウルに**1**、桜えび、**A**を入れて混ぜ合わせ、10等分にして丸める。

3 フライパンにごま油を中火で熱し、**2**を並べて焼き色がつくまで両面2分ずつ焼く。

リメイク

薄味に作った中華スープに加えてもち入りスープに。

ソース味でガッツリ濃厚に仕上げる

大根ソースステーキ

15分

冷蔵 **3**日 　冷凍 **2**週間

材料（4人分）

大根…½本（500g）
サラダ油…大さじ4
中濃ソース…大さじ3

作り方

1 大根は皮をむき、100g分はすりおろす。残りは1㎝幅の輪切りにし、片面に包丁で⅓の深さまで格子状に切り込みを入れる。

2 フライパンにサラダ油を弱火で熱して輪切りの大根を並べ、上下を返しながら8分ほど揚げ焼きにする。

3 ボウルに水けを絞った大根おろし、中濃ソースを入れて混ぜ、**2**にかける。

調理のポイント

切り込みを入れて大根にソースをからめやすくする。

レンジでも味しみ大根ができます

大根と豚バラのレンジ煮

（15分）

冷蔵 3日　冷凍 1か月

材料（4人分）

大根…½本（500g）
豚バラ薄切り肉…200g
A しょうゆ、酒、みりん
　…各大さじ4

作り方

1 大根は皮をむいて1cm幅のいちょう切りにし、豚バラ薄切り肉は3cm長さに切る。

2 耐熱容器に1、Aを入れて軽く混ぜ、ふんわりとラップをして電子レンジで5分加熱し、取り出して混ぜたら、ラップをしてさらに8分加熱する。

火を使わない

しんなりとした大根と明太子は相性バツグン

大根の明太子炒め

（10分）

冷蔵 3日　冷凍 2週間

材料（4人分）

大根…½本（500g）
辛子明太子…2腹
マヨネーズ…大さじ5

作り方

1 大根は皮ごとスライサーでせん切りにする。辛子明太子は薄皮を除いて中身をこそげ出す。

2 フライパンにマヨネーズの½量を中火で熱し、大根を5分ほど炒める。

3 2の大根がしんなりしたら明太子と残りのマヨネーズを加え、明太子に火が通るまで炒める。

調理のポイント

大根はしっかり炒めて水けをとばす。

包丁使わない

長期保存レシピ

パリパリ食感も楽しんで

大根の千枚漬け風

（5分）＋漬け時間1時間

作り方＋材料（作りやすい分量）

1 大根は皮をむいてスライサーで薄い輪切りにし、昆布は2mm幅に切る。

大根…½本（500g）
昆布（3×3cm）…1枚

2 保存袋に1、Aを入れて混ぜ合わせ、冷蔵庫で1時間ほどおく。

A 赤唐辛子（種を除き小口切り）…½本分
　砂糖、酢…各大さじ2½
　塩…小さじ¾

冷蔵 1週間　冷凍 1か月

もやし

豆や穀物を発芽させたものを呼ぶ。日が当たらない暗いところで
水だけで育ちながらも栄養価がわりと高く、コスパがよい。

ここが美味しい！

シャキシャキした食感がポイント。生食不可なので、さっと加熱してナムルやサラダ、ラーメンのトッピングに使おう。

目利きのコツ

● 適度な太さでピンとハリがある
● 変色しておらず、水がでていない

ここが苦手…

青くさいのが気になるなら、ひげ根をしっかり除いて調理をして。強火でさっとゆでるのもコツ。

う～ん…今月は転職したばかりで家計がカツカツだなぁ…

ラビの家

とうちゃん
ハラへったー

そんなときには**安価なもやし料理の**フルコースだ！

わーっ

もやしは火を通しすぎないでシャキシャキを残すのがポイント！

ごま油で
香り高く！

1品！

梅マヨの
ほんのり酸っぱい
こってり味で
箸がすすむ！！

2品！

カレー味で
お肉と合わせたら
子どもも喜ぶ！！
しかもスープに
リメイクも可能

3品！

即 **カラッ**

もっとー！

子どもたちの食欲は
計算して
いなかったな…

まろやかな酸味がもやしの格を上げる

もやしの梅マヨあえ

(7分)

材料（4人分）
もやし…2袋（400g）
A マヨネーズ…大さじ2
　 練り梅…大さじ1½

作り方
1 耐熱容器にもやしを入れ、ふんわりとラップをして電子レンジで4分30秒加熱する。流水でさっと洗って水けをしっかりきる。
2 ボウルにAを混ぜ合わせ、1を加えてあえる。

オイスターソースでコクを出す

もやしと豚肉のカレー炒め

(10分)

材料（4人分）
もやし…2袋（400g）
豚こま切れ肉…250g
A 酒…大さじ½
　 カレー粉…小さじ2
　 鶏がらスープの素（顆粒）
　　…小さじ1
サラダ油…大さじ1
オイスターソース…小さじ1
塩、こしょう…各少々

作り方
1 ボウルに豚こま切れ肉、Aを入れてよくもみ込む。
2 フライパンにサラダ油の½量を中火で熱し、もやしがしんなりするまで炒め、取り出す。
3 2のフライパンに残りのサラダ油を中火で熱し、1の豚肉に火が通るまで炒める。2をもどし入れ、オイスターソースを加えて炒め合わせ、塩、こしょうで味を調える。

リメイク
みそラーメンにトッピング。

ごま油の香りが味の決め手

もやしのめんつゆ炒め煮

(3分)

材料（4人分）
もやし…2袋（400g）
ごま油…小さじ2
A 水…200㎖
　 めんつゆ（3倍濃縮）
　　…大さじ4

作り方
1 フライパンにごま油を強火で熱してもやしをさっと炒める。
2 1にAを加えて1分ほど煮る。

リメイク
サラダチキン、きゅうり、ゆでた春雨と合わせてサラダに。

火を使わない

包丁使わない

食材ひとつ

豆苗

えんどう豆を発芽させて食べやすく育てたスプラウト野菜。
根元の茎を残した状態で水に浸けておくと、もう1回収穫ができる。

ここが美味しい！

シャキッとした歯ごたえを残すため、加熱は短時間で。あえものの場合は、加熱せず熱湯をかけるだけでもよい。くったりするスープも美味。

目利きのコツ

● 葉がしっかり開いている
● 緑色が濃く、ツヤやハリがある

ここが苦手…

青くささが苦手な場合は、にんにくといっしょにさっと炒めて。にんにくの香りが、独特の風味を軽減してくれる。

この肉巻きシャキシャキで美味ですわ～！

ラビに教えてもらった豆苗を使った肉料理です！

肉に火が通ればOKなので豆苗の歯ごたえを味わえますよね

豆苗は水に浸けておくとまた収穫できるらしいですよ

え、また成長するんですの！？

数日後

コンコン

お嬢様失礼しま…

わあああ！？

豆苗ジャングル

どの子もすぐに食べられるぐらいに成長しましたわよ

ラビ～豆苗レシピもっと教えて!!

ジャングルがああ

何ごと！？

レンジで食感をほどよく残して

豆苗の肉巻きレンジ蒸し

（12分）

冷蔵 3日 | 冷凍 2週間

材料（4人分）
豆苗…2パック（200g）
豚ロース薄切り肉…16枚
塩、こしょう…各少々
酒…大さじ1

作り方
1 豆苗は根元を落とし、16等分にする。

2 豚ロース薄切り肉は広げて塩、こしょうをふり、1をのせて巻く。全部で16本作る。

3 耐熱容器に2を並べて酒をふり、ふんわりとラップをして電子レンジで6〜7分加熱する。お好みで食べるときにポン酢しょうゆを添える。

時短のコツ
豆苗はあらかじめ豚肉の枚数に合わせて等分しておくと、手早く巻ける。

火を使わない

カリカリとシャキシャキのコラボ

豆苗とじゃこの炒めもの

（5分）

冷蔵 3日 | 冷凍 2週間

材料（4人分）
豆苗…2パック（200g）
ちりめんじゃこ…20g
ごま油…大さじ1
塩…小さじ1/3

作り方
1 豆苗はキッチンばさみで根元を落とし、半分の長さに切る。

2 フライパンにごま油を中火で熱してちりめんじゃこを炒める。カリッとしてきたら1を加え、強火にしてさっと炒め合わせて塩で味を調える。

リメイク
鶏がらスープに加えて溶き卵を回し入れ、中華スープに。

包丁使わない

生のまま使ってシャキシャキ食感を堪能

豆苗ガーリックマヨサラダ

（5分）

冷蔵 3日 | 冷凍 ×

材料（4人分）
豆苗…2パック（200g）
A マヨネーズ…大さじ2
　おろしにんにく…小さじ1
　塩…小さじ1/3
　こしょう…少々

作り方
1 豆苗は根元を落とし、半分に切る。

2 ボウルにAを混ぜ合わせ、1を加えてあえる。

リメイク
パンにはさんで、サンドに。

食材ひとつ

長ねぎ

主に白い部分を食べる根深ねぎのことを呼ぶ。東日本での流通が多く、西日本では葉ねぎ（青ねぎ）のほうが有名。

目利きのコツ

- 白い部分の太さが均一で、まっすぐ
- 白と緑の部分の境目がはっきりしている

ここが美味しい！

白い部分は加熱すると甘くなる。くたくたに煮ると、とろとろで美味しい。青い部分は細かく刻んで油と合わせ、ねぎ油として活用すると料理がレベルアップ。

ここが苦手…

特有の香りや辛みが苦手なら、加熱がマスト。薬味で使うなら、白髪ねぎのように繊維にそって縦に切り、水に短時間さらすと辛みが少しやわらぐ。

辛みをやわらげ香りをいかす

長ねぎのゆずこしょうサラダ

（7分）

材料（4人分）

長ねぎ（白い部分）
　…大2本分（200g）
A ごま油…大さじ1
　│ ゆずこしょう…小さじ½

作り方

1 長ねぎは斜め薄切りにし、水に3分ほどさらしてしっかりと水けをきる。

2 ボウルにAを混ぜ合わせ、1を加えてあえる。

調理のポイント

長ねぎは水にさらすことで辛みがやわらぐ。

焼いてとろっと食感と甘みを楽しむ

長ねぎの中華クリーム煮

（10分）

材料（4人分）

長ねぎ…3本（300g）
サラダ油…小さじ1
A 牛乳…300㎖
　│ 鶏がらスープの素（顆粒）
　│ 　…大さじ½
B 水…大さじ1
　│ 片栗粉…大さじ½
塩、こしょう…各適量

作り方

1 長ねぎはキッチンばさみでぶつ切りにする。

2 フライパンにサラダ油を中火で熱し、1をときどき転がして2～3分焼く。

3 2にAを加えて弱火で3～4分煮る。合わせたBを加えてとろみをつけたら、塩、こしょうで味を調える。

リメイク

鶏肉や鮭を加えてシチューに。

酸味をしみ込ませて甘みを際立たせる

長ねぎの焼きマリネ

（5分）

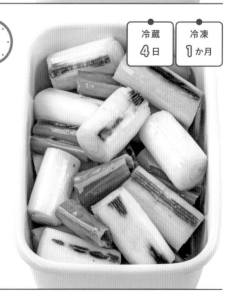

材料（4人分）

長ねぎ…2本（200g）
オリーブ油…大さじ1
A 酢…大さじ3
　│ オリーブ油…大さじ2
　│ 砂糖…小さじ1
　│ 塩…小さじ¼
　│ こしょう…少々

作り方

1 長ねぎはぶつ切りにする。

2 フライパンにオリーブ油を中火で熱し、1をときどき転がして焼き色をつける。

3 ボウルにAを混ぜ合わせ、2を加えて熱いうちにあえる。

調理のポイント

ねぎが熱いうちにマリネ液に浸すと、味がしみ込みやすい。

火を使わない

包丁使わない

食材ひとつ

長ねぎのうま塩ごまあえ

ねぎとごま油の香味のマッチング

（5分）

冷蔵 3日　冷凍 1か月

材料（4人分）

長ねぎ…2本（200g）
A ごま油…大さじ4
　白いりごま…大さじ2
　鶏がらスープの素（顆粒）
　　…小さじ2
　おろしにんにく、塩
　　…各小さじ½

作り方

1 長ねぎは斜め薄切りにする。
2 耐熱容器にAを混ぜ合わせ、1を加えて混ぜる。ふんわりとラップをして電子レンジで2分加熱する。

リメイク
焼き肉のトッピングや、ラーメンにのせる。

長ねぎのフライ

サクサク衣との相性バツグン

（10分）

冷蔵 3日　冷凍 1か月

材料（4人分）

長ねぎ…2本（200g）
A 卵…1個
　小麦粉…大さじ2
　塩、こしょう…各少々
パン粉、サラダ油…各適量

作り方

1 長ねぎはキッチンばさみで食べやすい長さに切る。
2 ボウルにAを混ぜ合わせ、1をからめて、パン粉をまぶす。
3 フライパンにサラダ油を深さ2cmほど入れて中火で熱し、2を揚げ焼きにする。

調理のポイント
パン粉をまぶすときはふりかけるようにして全体につけ、手でさわらないようにする。

長ねぎのチヂミ

青い部分は細かく刻むと風味最高

（15分）

冷蔵 3日　冷凍 1か月

材料（4人分）

長ねぎ…2本（200g）
A 小麦粉…大さじ6
　水…大さじ4
　片栗粉…大さじ3
　塩…少々
ごま油…大さじ1
B ポン酢しょうゆ、ラー油、
　　白いりごま…各適量

作り方

1 長ねぎの白い部分は小口切りにし、青い部分は細かく刻む。
2 ボウルにAを混ぜ合わせ、1を加えて混ぜ合わせる。
3 フライパンにごま油を弱めの中火で熱し、2を流し入れて広げ、両面5分ずつ焼く。食べやすく切り分け、食べるときに合わせたBを添える。

火を使わない

包丁使わない

食材ひとつ

白い部分は生でも美味しい

長ねぎのチャーシューあえ

(7 分)

材料（4人分）

長ねぎ（白い部分）
　…2本分（120g）
チャーシュー（市販）…60g
味つけザーサイ（市販）…30g
A ごま油…大さじ1⅓
　砂糖…小さじ⅓
　塩…小さじ¼
　粗びき黒こしょう…少々

作り方

1 長ねぎはせん切りにし、チャーシュー、味つけザーサイは細切りにする。

2 ボウルにAを混ぜ合わせ、1を加えてあえる。

リメイク

きゅうりのせん切りと合わせて生春巻きの皮で巻く。

基本調味料だけで止まらないうまさ

長ねぎの照り焼き

(7 分)

冷蔵 3日　冷凍 1か月

材料（4人分）

長ねぎ…3本（300g）
サラダ油…大さじ½
A しょうゆ、みりん
　…各大さじ1
　砂糖…小さじ1

作り方

1 長ねぎはキッチンばさみで食べやすい長さに切る。

2 フライパンにサラダ油を中火で熱し、1をときどき転がして焼き色をつける。

3 2にAを加え、弱火にして煮からめる。

調理のポイント

調味料を加えたら、焦げないよう弱火にする。

長期保存レシピ

揚げものにかけるのがおすすめ

長ねぎの甘酢だれ

(5 分)

作り方＋材料（作りやすい分量）

1 **長ねぎはみじん切りにする。**

長ねぎ（白い部分）…大2本分（200g）

2 鍋にAを煮立たせ、砂糖が溶けたら1とともに保存瓶に入れる。

A 酢…100ml
　砂糖…大さじ3
　塩…小さじ⅔

冷蔵 1週間　冷凍 1か月

ほうれん草

緑黄色野菜で栄養価が高いが、鮮度が落ちやすい。
葉先から水分がどんどん蒸発するので、新鮮なうちにゆでるなど、下処理をする。

目利きのコツ

● 葉先にハリがあり
緑色が濃い
● 根のつけ根がふっ
くらとしている

ここが美味しい！

ほんのりとした甘み
と苦みがあり、やわら
かな食感が特徴。お
ひたしにする場合は、
さっとゆでて、冷水
に短時間さらすと色
よく仕上がる。

ここが苦手…

えぐみが気になる場合は、根
元を切り落とし、2～3分全
体が浸るように水にさらす。
またしっかり下ゆですると、
イガイガしづらい。

今日はほうれん草を
使いたいんですけど
何かいいレシピは
ないですかね〜？

お嬢様は
青くさいのが
苦手ですから…

うーん

私の秘伝…
パンチのあるこれを
使ったらどうかしら？

！ いいですね…！

にんにく
じょうゆ！

なんですのコレ
食欲が増す味ですわ〜！

メイド長秘伝の
味つけです！
おかわりもありますよ

おかわりですわ！

ごちそうさま
でしたわ〜♡

お嬢様から
秘伝の香りが…

にん　にく〜

にんにくじょうゆがほうれん草にベストマッチ

ほうれん草の和風ペペロンチーノ

⏱ **7**分

冷蔵 **3**日　冷凍 **2**週間

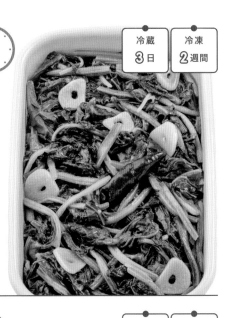

材料（4人分）
ほうれん草…2束（300g）
にんにく…2片
A 赤唐辛子（種は除く）
　　…2本分
　オリーブ油…大さじ2
　しょうゆ…小さじ2
　こしょう、砂糖…各少々

作り方
1 ほうれん草は根元を落としてざく切りにする。にんにくは薄切りにする。
2 耐熱容器に1、Aを入れてよく混ぜ合わせる。ラップをせずに電子レンジで2分加熱する。
3 取り出してよく混ぜ、ラップをせずにさらに2分加熱する。

調理のポイント
水けをとばすため、ラップはせずにレンジ加熱をする。

甘いコーンクリームがほうれん草によく合う

ほうれん草のコーンクリーム煮

⏱ **12**分

冷蔵 **3**日　冷凍 **1**か月

材料（4人分）
ほうれん草…2束（300g）
ベーコン…2枚
バター…15g
コーンスープの素（市販）
　　…2袋
牛乳…200mℓ
塩、こしょう…各適量

リメイク
牛乳をさらに加えてクリームシチューに。

作り方
1 ほうれん草はキッチンばさみで根元を落として5cm長さに切り、ベーコンは短冊切りにする。
2 フライパンを中火で熱してバターを溶かし、1をしんなりするまで炒める。弱火にしてコーンスープの素を加えて混ぜ合わせる。
3 2に牛乳を少しずつ加えて温め、塩、こしょうで味を調える。

アク抜きしてだしをしみ込ませて

ほうれん草のだしびたし

⏱ **7**分

冷蔵 **3**日　冷凍 **2**週間

材料（4人分）
ほうれん草…2束（300g）
塩…少々
A だし汁…300mℓ
　しょうゆ…小さじ1
　塩…小さじ⅓

作り方
1 ほうれん草は根元ごとよく洗って塩を加えた熱湯でゆで、水にさらして水けを絞る。
2 鍋にAを入れてひと煮立ちさせ、保存容器に移して粗熱をとる。
3 2に1を浸して味をなじませる。

調理のポイント
ゆでて水にさらすと、変色が防げる。

小松菜

1年を通じて収穫が可能なように改良された品種が流通している。
寒さに強く、冬になると甘みが増してさらに美味しくなる。

目利きのコツ

● 葉にハリがあり濃い緑色で鮮やか
● 茎や根元が太くてしっかりしている

ここが美味しい！

アクが少ないので生も加熱料理も自由自在。味にクセがなく他の素材の味の邪魔をあまりしないので、バナナなどのフルーツといっしょにスムージーにするのもおすすめ。

ここが苦手…

青くささが気になる場合は、さっと塩ゆでするのがおすすめ。苦みを感じるなら、甘辛く煮る、オイスターソースと炒めるなど、濃い目の味つけで軽減させて。

ハイ！
ラビです！

どうも 〜 〜！！

今日もお嬢様の
お食事を
作っていきます！

小松菜は生でも
食べられるから
加熱もさっとで
大丈夫な食材！

**アクも少なく
クセもないので**
料理に
使いやすいん
ですよ〜

じゃん、

さらに！ 今日は
キッチンばさみだけで
調理しちゃいます！

ラビちゃん
チャレ〜ンジ…

…ひとりごとばかりで
何していますの？

わーっ
お嬢様！！

ていうか
ゴハン
まだ
ですの

あのその
動画配信をして
みようと思って
練習を…！！

COOKING!
ラビ
ちゃんねる

ダブル昆布でうまみをプラス

小松菜の昆布〆風

7分

冷蔵 3日　冷凍 2週間

材料（4人分）

小松菜…2束（300g）
A 塩昆布…10g
　 とろろ昆布…5g

作り方

1 小松菜は根元を落として3cm
　 長さに切り、耐熱容器に入れ
　 る。ふんわりとラップをして電
　 子レンジで3分加熱する。

2 1にAを加えてあえる。

リメイク
お湯を注いでお吸いものに。

強火で小松菜の食感を残して

小松菜とじゃこのオイスター炒め

10分

冷蔵 3日　冷凍 2週間

材料（4人分）

小松菜…2束（300g）
ちりめんじゃこ…30g
ごま油…大さじ1
A しょうゆ、オイスターソース
　 …各大さじ½

作り方

1 小松菜はキッチンばさみで根
　 元を落として3cm長さに切る。

2 フライパンにごま油を中火で
　 熱し、ちりめんじゃこをカリッと
　 するまで炒める。

3 2に1を加え、強火で1分ほ
　 ど炒めたら、Aを加えて炒め合
　 わせる。

つゆを吸った焼きのりがなじむ

のりあえ小松菜

5分

冷蔵 3日　冷凍 2週間

材料（4人分）

小松菜…2束（300g）
焼きのり（全形）…1枚
めんつゆ（3倍濃縮）
　 …小さじ4

作り方

1 小松菜は根元を落として1分
　 30秒ほどゆでる。冷水にさら
　 し、水けを絞ったら3cm長さに
　 切る。

2 ボウルに1、手でちぎった焼き
　 のり、めんつゆを入れてあえる。

リメイク
お好みでラー油や粉山椒を
かけて辛みをプラス。

水菜

京都が原産の野菜で「京菜」とも呼ばれている。
鍋に使われることが多いが、最近では食感をいかしたサラダも人気。

目利きのコツ

● 葉の先までピンとしていてみずみずしい
● 根元が太く、白い部分にツヤがある

ここが美味しい！

淡白でクセが少ないのでどんな食材、調味料にも合う。独特のシャキシャキ感をいかした生食がおすすめ。

ここが苦手…

すじばっていて食べづらい場合は、鍋に入れるなどして加熱する料理がおすすめ。また苦みが気になるなら、細かく刻んで料理に混ぜるとよい。

マオの家

水菜たくさん買ってきたよ〜！

ええ———
水菜って青くさくてすじっぽかったりするやつでしょ？

野菜キラーイ

美味しくするコツをラビに教わったのさ！

ラビさんて野菜好きな…？

ジュー
ジュー

水菜は火が通りやすいから**ちょっと加熱時間を長めにするだけで**くたくたになるよ！ってね！

も———
影響されすぎ…

もぐ…

も———
もっとラビさんにレシピ聞いてきてよね！

YES！

もぐ！
もぐ！

レンジ加熱でほどよい食感に

水菜とさつま揚げの煮びたし

（10分）

材料（4人分）

水菜…2束（300g）
さつま揚げ…5枚
A 酒…大さじ2
薄口しょうゆ、みりん
…各大さじ1

作り方

1 水菜は根元を落として4cm長さ
に切る。さつま揚げは1cm幅に
切る。

2 耐熱容器に1、Aを入れ、ふん
わりとラップをして電子レンジ
で4分加熱する。

3 2をよく混ぜてラップをかけ直
し、粗熱がとれるまで蒸らす。

リメイク

溶き卵でとじて、ごはんの上
にのせる。

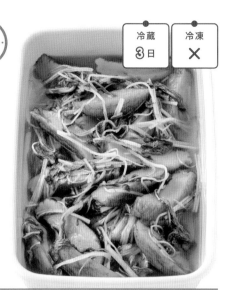

桜えびとごま油の風味が淡白な水菜に合う

水菜と桜えびの中華あえ

（10分）

材料（4人分）

水菜…2束（300g）
桜えび…5g
A 鶏がらスープの素（顆粒）
…大さじ½
ごま油…小さじ1

作り方

1 水菜はキッチンばさみで根元
を落として3cm長さに切る。耐
熱容器に入れ、ふんわりとラッ
プをして電子レンジで1分加
熱し、水けをきる。

2 フライパンを中火で熱し、桜
えびを軽くから炒りする。

3 ボウルに1、2、Aを入れてあ
える。

ピリッとゆずこしょうを効かせて

水菜のピリ辛サラダ

（7分）

材料（4人分）

水菜…2束（300g）
塩…少々
A だし汁…50mℓ
しょうゆ…大さじ1
みりん…大さじ½
ゆずこしょう…小さじ1

作り方

1 水菜は根元ごとよく洗って塩を
加えた熱湯でさっとゆで、水に
さらして水けを絞る。根元を落
として4cm長さに切り、さらに
水けを絞る。

2 ボウルにAを混ぜ合わせて1
を加え、さっとあえて味をなじ
ませる。

リメイク

豚肉のしゃぶしゃぶで巻きな
がら食べる。

チンゲン菜

中華料理によく使われる、中国原産の野菜。
1年中流通しているが、青菜の中では珍しく春や秋に旬を迎える。

目利きのコツ
- 茎の幅が広く肉厚
- 根元にかけて丸みとツヤがある

ここが美味しい！
加熱してもシャキッとした食感が人気。煮崩れしにくいので、炒めものやスープなど、さまざまな料理に使いやすい。

ここが苦手…
肉や魚といっしょに調理をしてうまみを足したり、濃いめの味つけにすると、独特の苦みが薄れる。

緑の野菜は青くさくて苦いのですわ！！

チンゲン菜は苦みが少ないんですけどね

ではオイスターソースと合わせましょう！

ゴッ

青くさくない！ 苦くないしシャキシャキですわ！

歯ごたえをいかすために加熱は短時間がポイントです！

アタクシもやりたいですわ！！

ゴッ、

ゴッ…て！

お肉も入れてみましたの！！

どや！

あのこれ…お肉が生です…

短時間すぎです…

えぐみを塩昆布のうまみでやわらげる
生チンゲン菜の塩昆布あえ

⏱ 13分

冷蔵	冷凍
3日	×

材料（4人分）
チンゲン菜…2株（300g）
A 酢…大さじ1
│ 塩…小さじ⅓
塩昆布…10g
ごま油…大さじ½

作り方
1 チンゲン菜は根元を落とし、2
cm長さに切ってボウルに入れ
る。Aをからめて10分ほどお
き、水けを絞る。
2 1に塩昆布、ごま油を加えて
さっくりとあえる。

調理のポイント
塩昆布あえは、酢を効かせる
と味がしまる。

焼きから蒸してうまみアップ
チンゲン菜のオイスターステーキ

⏱ 7分

冷蔵	冷凍
3日	1か月

材料（4人分）
チンゲン菜…2株（300g）
ごま油…大さじ1
酒…大さじ2
A オイスターソース
│ …大さじ1
│ しょうゆ…大さじ½
│ 砂糖、おろしにんにく
│ …各小さじ½

作り方
1 チンゲン菜はキッチンばさみで
根元に切り込みを入れ、手で
半分に裂く。
2 フライパンにごま油を中火で
熱し、1の断面を下にして焼く。
こんがりと焼き色がついたら酒
を回し入れ、ふたをして2分ほ
ど蒸し焼きにする。
3 2のふたをはずし、合わせたA
を回し入れてからめる。

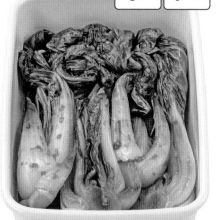

とろっと濃厚なクリームがよくからむ
チンゲン菜のコンソメクリーム煮

⏱ 10分

冷蔵	冷凍
3日	1か月

材料（4人分）
チンゲン菜…2株（300g）
サラダ油…大さじ1
A 水…100㎖
│ コンソメスープの素（顆粒）
│ …小さじ2
牛乳…200㎖
B 片栗粉、水…各大さじ1½
塩、粗びき黒こしょう
…各少々

作り方
1 チンゲン菜はキッチンばさみで
根元に十字に切り込みを入れ、
手で4等分に裂く。
2 フライパンにサラダ油を中火
で熱し、1を炒める。Aを加え
て煮立て、1分ほど煮る。
3 2に牛乳を加えてひと煮立ちさ
せたら、合わせたBを加えてと
ろみをつけ、塩、粗びき黒こ
しょうで味を調える。

リメイク
シーフードミックスを足してボ
リュームアップ。

白菜

鍋の具材として欠かせない、東洋を代表する葉野菜。
サラダや炒めもの、スープなどにも使えてどんな料理にも合う。

目利きのコツ
- 外側の葉がきれいな黄緑色で変色していない
- 葉先までかたく、巻きがしっかりしている

ここが美味しい!
中心部分は特に甘く、サラダやあえものなど、生で使うのがおすすめ。加熱するときは、芯部分を先に加熱すると味がしみてより美味しくなる。

ここが苦手…
芯部分の食感が苦手なら、そぎ切りにすると火が通りやすく、やわらかくなる。スープや鍋に入れるのもおすすめ。青くささは、塩ゆですることで解決。

ラビ この料理作って!

お嬢様から野菜料理のリクエストなんて!すぐ作りますね!

U-SA HAKUSAI YUMMY

じゃんっ

めしあがれ!

だしが白菜にしみしみ!美味ですわ〜♡

このインフルエンサー料理が上手ですよねぇ〜 気になります!

U-SA フォロワー 286122
#Cool #SUPER #Cooking

これはだし汁をさらに足すとお鍋にもなりますよ

へぇ!

…あれ?さっき公開のレシピをもう知ってる!?

メイド長もフォローしているのかな

??

白菜のやさしい味わいをいかして

白菜と昆布の煮びたし

⏱ 10分

冷蔵 3日　冷凍 2週間

材料（4人分）
白菜…¼株（400g）
刻み昆布（乾燥）…15g
A 水…100㎖
　│ 白だし…大さじ2

作り方

1 白菜は小さめのざく切りにする。刻み昆布はさっと水で洗って水けをきる。

2 耐熱容器に1、Aを入れて混ぜ合わせ、ふんわりとラップをして電子レンジで7分加熱する。

火を使わない

手でちぎれば麻婆あんがよくからむ

麻婆白菜

⏱ 12分

冷蔵 3日　冷凍 2週間

材料（4人分）
白菜…大¼株（600g）
豚ひき肉…150g
サラダ油…小さじ1
A 水…200㎖
　│ しょうゆ…大さじ2
　│ 鶏がらスープの素（顆粒）、
　│ 　豆板醤…各小さじ1
B 片栗粉、水…各大さじ1

作り方

1 白菜は手で食べやすい大きさにちぎる。

2 フライパンにサラダ油を中火で熱し、豚ひき肉をほぐしながら炒める。肉に火が通ったら1、Aを加えてふたをし、白菜がやわらかくなるまで弱めの中火で5分ほど煮る。

3 2に合わせたBを加えてとろみをつける。

リメイク
中華麺にかけて、麻婆ラーメンに。

包丁使わない

オリーブ油でコクをプラス

白菜のしょうがポン酢あえ

⏱ 8分

冷蔵 3日　冷凍 2週間

材料（4人分）
白菜…¼株（400g）
A ポン酢しょうゆ…大さじ2
　│ オリーブ油…大さじ½
　│ おろししょうが…小さじ1
かつお節…適量

作り方

1 白菜はざく切りにして耐熱容器に入れ、ふんわりとラップをして電子レンジで3分加熱し、水けをきる。

2 ボウルにAを混ぜ合わせ、1を加えてあえ、かつお節をふる。

調理のポイント
温かいうちに調味料とあえてなじませ、味しみをよくする。

食材ひとつ

クセのない白菜はフルーツとも合う

白菜とりんごのサラダ

（ 8 分 ）

冷蔵 3日 ／ 冷凍 ×

材料（4 人分）

白菜…¼ 株（400g）
りんご…大½個
A マヨネーズ…大さじ 4
　プレーンヨーグルト
　　…大さじ 3
　塩、こしょう…各少々
パセリ（みじん切り）…適量

作り方

1 白菜は葉と芯に分け、葉はざく切り、芯は 4cm 長さの細切りにする。りんごは皮ごと縦 4 等分にして芯を除き、5mm 幅のいちょう切りにして塩水（分量外）に浸ける。

2 しっかり水けをきった **1** をボウルに入れ、**A** を加えて混ぜ合わせ、パセリを加えてさっくり混ぜる。

火を使わない

くたくた白菜にごまみそをからめて

白菜と豚バラ肉のごまみそ煮

（ 15 分 ）

冷蔵 3日 ／ 冷凍 2週間

材料（4 人分）

白菜…¼ 株（400g）
豚バラ薄切り肉…200g
だし汁…200㎖
A みそ、白すりごま
　　…各大さじ 2
　砂糖…大さじ½

作り方

1 白菜は手で食べやすい大きさにちぎる。

2 鍋に **1**、豚バラ薄切り肉、だし汁を入れて弱めの中火で熱し、ふたをしてやわらかくなるまで 10 分ほど煮る。

3 **2** に **A** を加えてみそを溶かす。

包丁使わない

リメイク

だし汁を増やしてお好みの具材を足せば、ごまみそ鍋に。

パンチある味わいで大満足

白菜のガリバタしょうゆ

（ 13 分 ）

冷蔵 3日 ／ 冷凍 2週間

材料（4 人分）

白菜…小 ½ 株（300g）
バター…20g
A しょうゆ、みりん
　　…各大さじ 2
　おろしにんにく…小さじ 1

作り方

1 白菜は縦 4 等分のくし形切りにする。

2 フライパンを強火で熱してバターを溶かし、**1** の断面を火で 4～5 分こんがりと焼く。

3 **2** にふたをして弱めの中火にし、4 分ほど蒸し焼きにしてふたをはずし、**A** を加えてからめる。

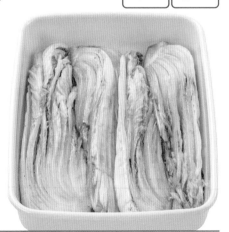

食材ひとつ

調理のポイント

最初にしっかりと焼き色をつけると、香ばしく食欲をそそるおかずに。

洋風の味つけもよくなじむ
白菜とハムのフレンチサラダ

(8 分)

冷蔵 3日 | 冷凍 2週間

材料（4人分）
白菜…1/4 株（400g）
ロースハム…4 枚
A フレンチドレッシング
　（市販・白）…大さじ 3
　粒マスタード…大さじ 1

作り方

1 白菜は短冊切りにして耐熱容器に入れ、ふんわりとラップをして電子レンジで 4 分加熱し、水けをきる。

2 ロースハムは細切りにする。

3 ボウルに A を混ぜ合わせ、1、2 を加えてあえる。

リメイク
サラダスパゲッティと合わせて、主食風のサラダに。

くったりさせてやさしい味わいでいただく
白菜とえびの塩あんかけ

(15 分)

冷蔵 3日 | 冷凍 2週間

材料（4人分）
白菜…大 1/4 株（600g）
むきえび…12 尾
A 水…150mℓ
　鶏がらスープの素（顆粒）
　　…小さじ 1
　塩、こしょう…各少々
B 片栗粉、水…各大さじ 1
ごま油…大さじ 1/2

作り方

1 白菜は手で食べやすい大きさにちぎる。むきえびは背わたを除く。

2 鍋に 1、A を入れてふたをし、弱めの中火で 8 分ほど煮る。白菜がやわらかくなったらふたをはずし、合わせた B を加えてとろみをつけ、ごま油を加えてさっと混ぜる。

リメイク
炒めた中華蒸し麺の上にのせ、あんかけ焼きそばに。

長期保存レシピ

自家製なので辛さが調節できる
白菜の即席キムチ

(15 分) ＋ 漬け時間 1時間以上

作り方＋材料（作りやすい分量）

1 白菜はざく切りにして塩をもみ込み、10 分ほどおいて水けを絞る。さきいかは長いものは食べやすく切る。
白菜…大 1/2 株（1000g）、さきいか…20g
塩…大さじ 1

2 保存袋に 1、A を入れて混ぜ合わせ、冷蔵庫で 1 時間以上おく。

A コチュジャン…大さじ 4
　しょうゆ、おろしにんにく…各小さじ 1
　一味唐辛子…小さじ 1/4

冷蔵 1週間 | 冷凍 1か月

火を使わない

包丁使わない

レタス

冷涼な気候を好み、夏は高原地域、冬は西日本地域で育つことが多い。
丸い形をした「玉レタス」の他にも、サニーレタスなどの「葉レタス」がある。

目利きのコツ
- 葉にツヤやハリがある
- 葉の巻きがふんわりゆるく、持つと軽く感じる

ここが美味しい！

シャキッとした食感をいかしたいなら、水にさらして生のまま食べるのが1番。さっと加熱してくたっとした食感をいただく、しゃぶしゃぶも美味しい。

ここが苦手…

青くささや苦みが気になるなら、流水で洗ってよく水けをきり、冷蔵庫で冷やしてから食べるのがおすすめ。

ラビの家

お手伝いするー！

ありがとう！

じゃあこのレタスを手でちぎってキッチンばさみでハムも切ろう

よーし‼

バリ バリ バリ

シャカ シャカ

あとはドレッシングを作ってあえるだけ！

今日はかんたんにシェイカーでふって作ろう

レタスは**生で食べられる**し**火もすぐ通る**から時短にぴったりなんだよねぇ

バリ バリ

うぉーっ

子どもたちもいっしょに作れて楽しいんだけど…

問題は楽しくてちぎりすぎちゃうところかな

つくりおきのナムルにするか…

シャキシャキ！

美味しい

ドレッシングも

シャキッとした歯ざわりが心地よい

レタスとハムのマスタードサラダ

5分

冷蔵	冷凍
③日	×

材料（4人分）
レタス…1玉(360g)
ロースハム…4枚
A 粒マスタード、オリーブ油、
　 酢…各大さじ1
　 塩、こしょう…各少々

作り方
1 レタスは芯を除いて手でちぎり、ロースハムは6等分の放射状に切る。
2 ボウルにAを混ぜ合わせ、1を加えてあえる。

調理のポイント
レタスは手でちぎるとドレッシングがからみやすい。

さっとゆでると味がなじみやすい

レタスとわかめのナムル

10分

冷蔵	冷凍
③日	×

材料（4人分）
レタス…1玉(360g)
わかめ（乾燥）…15g
A しょうゆ、白すりごま、
　 ごま油…各大さじ1
　 塩…小さじ⅓
　 こしょう、一味唐辛子
　 …各少々

作り方
1 レタスは芯を除いて手でちぎり、熱湯でさっとゆでてザルにあげて水けをきる。わかめは同じ湯にさっとくぐらせて冷水にさらし、水けを絞る。
2 ボウルに1、Aを入れて混ぜ合わせる。

焼き色がついたレタスは新感覚

レタスのレモンペッパーステーキ

12分

冷蔵	冷凍
③日	×

材料（4人分）
レタス…1玉(360g)
オリーブ油…大さじ1
A レモン汁…大さじ1
　 塩…小さじ⅓
粗びき黒こしょう…適量

作り方
1 レタスは芯を残したまま8等分のくし形切りにする。
2 フライパンにオリーブ油を中火で熱して1を並べ、焼き色がつくまで両面3〜4分ずつ焼いてAをふる。
3 2に粗びき黒こしょうをふる。

リメイク
食べやすく切り、焼いた肉や魚とあえてボリュームアップ。

火を使わない

包丁使わない

食材ひとつ

これ1品で大満足！
野菜たっぷり主食

すりおろした玉ねぎでうまみ爆発
さば缶野菜カレー

15分

冷蔵 3日　冷凍 2週間

材料（2人分）
ごはん…400g
玉ねぎ…1個（200g）
パプリカ（赤・黄）…各½個（150g）
さば缶（水煮）…1缶（190g）
サラダ油…大さじ½
A おろししょうが、おろしにんにく
　　…各小さじ½
水…200mℓ
カレールウ…40g

作り方
1 玉ねぎはすりおろし、パプリカはヘタと種を除いて1cm角に切る。
2 鍋にサラダ油を弱火で熱してAを炒める。玉ねぎ、缶汁ごとのさば缶、水を加えて中火にし、煮立ったら弱火にしてパプリカを加え、ふたをして5分ほど煮る。
3 2にカレールウを加え、ルウを溶かしながらさっと煮込む。
4 器にごはんを盛り、3をかける。

なめたけ風のえのきと野菜の食感が美味しい
しらすのねばねば丼

10分

材料（2人分）
ごはん…400g
オクラ…8本（80g）
きゅうり…1本（100g）
長いも…100g
えのきだけ…½袋（100g）
釜揚げしらす…60g
卵黄…2個分
A しょうゆ、酒、みりん…各大さじ1

作り方
1 オクラはガクを除いて輪切りにし、耐熱容器に入れてふんわりとラップをし、電子レンジで1分加熱する。きゅうりは両端を落とし1cm角に切り、長いもは皮をむいてすりおろす。
2 えのきだけは石づきを落として半分に切る。耐熱容器にAとともに入れ、ラップをせずに電子レンジで1分加熱する。
3 1、2、釜揚げしらすを器に盛ったごはんの上にのせ、卵黄をのせる。

冷蔵 3日　冷凍 ×

たっぷり野菜を食べられて、おなかも大満足のごはんやパン、麺類などの主食を紹介します。
どれも15分以内で作れるので、お昼ごはんをささっとすませたいときなどに便利です。

かぼちゃのドリア

どこを食べてもかぼちゃを感じる濃厚味

15分

材料（2人分）
ごはん…300g
かぼちゃ…小¼個（300g）
しめじ…½パック（50g）
ほうれん草…½束（75g）
水、牛乳…各150㎖
シチュールウ、ピザ用チーズ…各60g
バター…10g

作り方

1 かぼちゃは皮を除いて1.5㎝角に切り、耐熱容器に入れてふんわりとラップをし、電子レンジで3分加熱する。しめじは石づきを落としてほぐし、ほうれん草は根元を落として3㎝長さに切る。

2 鍋にかぼちゃ、しめじ、水、牛乳を入れて中火で加熱する。かぼちゃがやわらかくなったらつぶしてほうれん草を加え、シチュールウを溶かす。

3 耐熱容器に温めたごはんを入れてバターを混ぜ、**2**、ピザ用チーズをのせる。オーブントースターでチーズが溶けるまで3分ほど加熱する。

冷蔵 **3**日　冷凍 **2**週間

材料（2人分）
サンドイッチ用食パン…4枚
きゅうり…½本（50g）
トマト…½個（100g）
レタス…2枚（60g）
紫キャベツ…80g
クリームチーズ…40g
スモークサーモン…8枚
塩…適量
A マヨネーズ、フレンチドレッシング
　　（市販・白）…各大さじ½
　　こしょう…少々

作り方

1 きゅうりはせん切りにして塩でもみ、水けを絞る。トマトはヘタを除いて2等分の輪切りにし、レタスは食べやすい大きさにちぎる。

2 紫キャベツはせん切りにして塩でもみ、水けを絞って**A**を混ぜ合わせる。

3 サンドイッチ用食パンにクリームチーズを塗り、スモークサーモン、**1**、**2**をそれぞれはさむ。全部で2つ作り、食べやすく切る。

サーモンのカラフルサンド

色とりどりの野菜が映える

10分

冷蔵 **3**日　冷凍 ×

材料（2人分）

中華麺（インスタント乾麺／
　みそ味スープの素つき）…2食分
もやし…1袋（200g）
にら…½束（50g）
長ねぎ…⅓本（30g）
にんにく（みじん切り）…1片分
ホールコーン缶…50g
豚こま切れ肉…100g
サラダ油…大さじ½
塩、こしょう…各適量

作り方

1 にらは3cm長さに切り、長ねぎは小口切りにする。

2 フライパンにサラダ油を中火で熱し、にんにく、豚こま切れ肉を炒める。肉に火が通ったら、もやし、にらを加えて塩、こしょうで味つけをする。

3 中華麺、みそ味スープの素は表示通りに作って器に盛り、2、長ねぎ、缶汁をきったホールコーン缶をのせる。

冷蔵	冷凍
3日	×

即席麺で手軽にボリューミーな1品

スタミナ野菜みそラーメン （10分）

材料（2人分）

中華麺（蒸し）…2玉
なす…2本（160g）
ピーマン…3個（120g）
長ねぎ…½本（50g）
豚ひき肉…100g
ごま油…大さじ½
おろししょうが、おろしにんにく…各小さじ½
A 水…200㎖
　　しょうゆ…大さじ2
　　鶏がらスープの素（顆粒）…大さじ½
　　豆板醤…小さじ½
B 水…大さじ2、片栗粉…大さじ1

作り方

1 ヘタを落としたなす、ヘタと種を除いたピーマンは乱切りにし、長ねぎはみじん切りにする。

2 フライパンにごま油を中火で熱し、豚ひき肉、おろししょうが、おろしにんにくを炒める。肉に火が通ったら1を加え、野菜がしんなりするまで炒めてAを加えて混ぜ、合わせたBを加えてとろみをつける。

3 中華麺は耐熱容器でほぐし、水大さじ2（分量外）をふりかけてふんわりとラップをし、電子レンジで4分加熱する。

4 3を器に盛り、2をかける。

冷蔵	冷凍
3日	×

ごろごろ野菜で食べごたえばっちり

麻婆なすのあんかけ 焼きそば （12分）

たっぷりの野菜とサラダチキンでヘルシー

サラダうどん

8分

材料（2人分）

うどん（冷凍）…2玉
レタス…4枚（120g）
水菜…½束（75g）
プチトマト…10個（100g）
サラダチキン（プレーン）…1枚
A 水…150㎖
  めんつゆ（3倍濃縮）…50㎖

作り方

1 レタスは細切りにし、水菜は根元を落として3㎝長さに、プチトマトはヘタを除いて半分に切る。サラダチキンは薄切りにする。

2 うどんは表示通りに電子レンジで加熱して氷水でしめる。

3 2を器に盛って1をそれぞれのせ、合わせた**A**を注ぐ。お好みでマヨネーズをかけ、刻みのりをのせる。

冷蔵	冷凍
2日	×

材料（2人分）

スパゲッティ…160g
トマト…1個（200g）
ズッキーニ…½本（50g）
にんにく（みじん切り）…1片分
モッツァレラチーズ（ひと口タイプ）…50g
オリーブ油…大さじ3
A コンソメスープの素（顆粒）…小さじ1
  塩、こしょう…各適量

作り方

1 トマトはヘタを落として大きめの乱切りにし、ズッキーニは7㎜幅の輪切りにする。スパゲッティは表示通りにゆで、ゆで汁大さじ3をとっておく。

2 フライパンにオリーブ油を弱火で熱し、にんにくを炒める。香りが立ったらズッキーニを加えて中火で炒める。

3 1のゆで汁を2に加え、**A**を加えて味を調える。スパゲッティ、トマト、モッツァレラチーズを加えて混ぜ、器に盛る。お好みで刻みパセリをふる。

フレッシュトマトがさわやかな味わい

トマトとモッツァレラのパスタ

12分

冷蔵	冷凍
3日	×

にら

ねぎの仲間で、スタミナ野菜と呼ばれるほど栄養が豊富。
新鮮であれば生食も可能だが、炒めものやスープなどに使われることが多い。

目利きのコツ
- 葉が鮮やかな緑でツヤがある
- 葉先がピンとしている

ここが美味しい！
香りのクセをいかして、淡白な味の食材と合わせよう。にらじょうゆにして生のまま使うのも、独特の風味が楽しめる。

ここが苦手…
強い香り、独特の食感が苦手な場合は、細かく刻んでひき肉と混ぜて。ぎょうざはもちろん、肉団子にして中華スープに入れるのもおすすめ。

オイスターソースでにらの独特の香りをやわらげる

オイスターにら豆腐

⏱ 10分

冷蔵 3日 / 冷凍 ✕

材料（4人分）
にら…2束（200g）
絹ごし豆腐…1丁（300g）
A オイスターソース、酒
　…各大さじ1
　しょうゆ、ごま油
　…各小さじ1

作り方
1 にらは4cm長さに切り、絹ごし豆腐はひと口大に切る。
2 耐熱容器に1を入れ、合わせたAをかける。ふんわりとラップをして電子レンジで6分加熱し、混ぜて味をなじませる。

リメイク
豚こま切れ肉と炒め合わせて
ごはんにのせ、どんぶりに。

にらとひき肉は相思相愛

にらバーグ

⏱ 15分

冷蔵 3日 / 冷凍 1か月

材料（4人分）
にら…2束（200g）
豚ひき肉…400g
A 片栗粉、しょうゆ、酒
　…各大さじ1
サラダ油…大さじ1

作り方
1 にらはキッチンばさみで2cm長さに切る。
2 ボウルに豚ひき肉、1、Aを入れて粘りがでるまでよく練り混ぜ、8等分にして小判形に成形する。
3 フライパンにサラダ油を中火で熱し、2を並べて焼き色がつくまで焼き、上下を返してふたをし、弱火で3〜4分蒸し焼きにする。

ラー油の香りと辛みが引き立てる

にらのピリ辛ごまあえ

⏱ 5分

冷蔵 3日 / 冷凍 2週間

材料（4人分）
にら…2束（200g）
A 白すりごま…大さじ2
　めんつゆ（3倍濃縮）
　…小さじ2
　ラー油…小さじ¼

作り方
1 にらは5cm長さに切り、熱湯で1分ほどゆでて水けを絞る。
2 ボウルにAを混ぜ合わせ、1を加えてあえる。

リメイク
卵黄をのせてユッケ風に。

火を使わない

包丁使わない

食材ひとつ

オクラ

暖かい気候で育ち、ネバネバとした食感が特徴的で、夏バテ予防にも役立つ野菜。
輪切りにすると見た目が可愛いので、麺などのトッピングにおすすめ。

目利きのコツ

● 緑色が鮮やかでツヤがある
● ヘタの切り口が黒ずんでいない

ここが美味しい！

シャキッとした歯ごたえと粘りをいかすなら、切って生で使うのがおすすめ。切ってからよく混ぜることで、ネバネバが楽しめる。

ここが苦手…

うぶ毛のザラつきは、塩で板ずりをして洗い流す。独特の粘りは切ることで強くなるので、ネバネバが嫌なら切らずにまるごと調理をする。

おっ！揚げものかい？

うん！

いいオクラが手に入ったからね

ジュワァァ

破裂しないように穴をあけて塩こうじをもみ込んでまるごと揚げるだけ！

カラッ

まるごとはお嬢様キツいんじゃ…僕もちょっと…

まぁ食べてみてよ

!!

美味しいしお酒にも合いそう!!

サク サク

よかった！じゃあたくさん作ろう〜

…

全部作り終わった…ってええええ!!?

カラッ

ビールある？

ラビ

仕事中だろー！

レンジでほどよいネバネバに

オクラのツナマヨあえ

(7分)

材料（4人分）
オクラ…20本（200g）
ツナ缶（水煮）…小1缶（70g）
A マヨネーズ…大さじ1½
　 めんつゆ（3倍濃縮）
　　…大さじ½
かつお節…適量

作り方

1 オクラはガクをむいて7mm幅の輪切りにし、耐熱容器に入れる。水大さじ1（分量外）を加え、ふんわりとラップをして電子レンジで2分加熱し、水けをきる。

2 ボウルに1、缶汁をきったツナ缶、Aを入れてあえ、かつお節をふる。

調理のポイント
水を少量加えて電子レンジで加熱すると乾燥しない。

油との相性もよく揚げものにぴったり

オクラの塩こうじから揚げ

(8分)

材料（4人分）
オクラ…20本（200g）
塩こうじ…大さじ1
片栗粉…大さじ3
揚げ油…適量

作り方

1 オクラはつま楊枝で穴をあけ、塩こうじをもみ込み2〜3分おいて片栗粉をまぶす。

2 170℃の揚げ油で1を2〜3分、カラッとするまで揚げる。

時短のコツ
塩こうじをもみ込むことで、漬け時間なしでもしっかりした味つけに。

まるごとオクラを楽しむなら

オクラのごまよごし

(10分)

材料（4人分）
オクラ…16本（160g）
塩…少々
A 黒すりごま…大さじ3
　 しょうゆ…大さじ1
　 砂糖…小さじ2

作り方

1 オクラはガクをむき、塩をふって板ずりし、さっとゆでる。

2 ボウルにAを混ぜ合わせ、1を加えてさっとあえる。

グリーンアスパラガス

食べている部分は葉がでる前の若芽と茎。主に流通しているのは緑色だが、
他にも日に当てずに育てる白色や、紫色のものもある。

ここが美味しい！

鮮やかな色と独特
の歯ごたえが特徴。
さっとゆでてザル
にあげてそのまま
冷ますと色やかた
さがいい塩梅に。

目利きのコツ

- 緑色が濃く、太さ
  が均一
- 穂先がしまってい
  て切り口がみずみ
  ずしい

ここが苦手…

青くささが苦手なら、塩で板ずりをし
て洗い流してから調理をする。バター
やにんにくと炒めたり、揚げてフライ
にするのもおすすめ。また、ピーラー
で外側のはかまをむくと、すじばって
いるのが気にならない。

094

肉を巻かせたら野菜イチ

アスパラの牛肉巻き

（15分）

材料（4人分）
グリーンアスパラガス
　…大6本（120g）
牛もも薄切り肉…12枚
片栗粉…適量
A しょうゆ…大さじ2
　みりん、砂糖
　　…各大さじ1

調理のポイント
調味液を加熱すると焦げやすいので、気をつける。

作り方
1 グリーンアスパラガスは根元を落として半分の長さに切る。

2 牛もも薄切り肉を広げて6等分にし、片栗粉を薄くまぶす。1を2切れずつ牛肉にのせて巻き、耐熱容器に巻き終わりを下にして並べる。全部で6本作る。

3 ラップをせずに電子レンジで6分30秒加熱する。取り出してAを回し入れ、ラップをせずにさらに1〜2分加熱する。よくからめたら、斜め半分に切る。

シンプルな味つけがアスパラを引き立たせる

バターアスパラ

（5分）

材料（4人分）
グリーンアスパラガス
　…12本（240g）
バター…15g
塩…少々

リメイク
温泉卵をのせて粉チーズをかければリッチな前菜に。

作り方
1 グリーンアスパラガスは根元をピーラーでむく。

2 フライパンを中火で熱してバターを溶かし、1を2分ほど炒めたら塩で味を調える。

さっとゆでてサクッと食感に

アスパラの昆布茶マリネ

（10分）

材料（4人分）
グリーンアスパラガス
　…12本（240g）
A 酢、オリーブ油…各大さじ3
　昆布茶（市販・粉末）
　　…大さじ1

作り方
1 グリーンアスパラガスは根元をピーラーでむき、食べやすく手で折る。熱湯で1分ほどゆでて、水けをきる。

2 ボウルにAを混ぜ合わせ、1を加えてあえて5分ほどおき、味をなじませる。

さやいんげん・さやえんどう

さやいんげんは、野菜（さや）と豆（いんげん豆）の両方を食べられるいいとこどりの緑黄色野菜。
さやえんどうは、さやが若いうちに収穫したえんどう豆のことをいう。

目利きのコツ
- しわがなく、ハリがある
- 豆の形がくっきり浮きでていない

ここが美味しい！

どちらも食感に特徴があり、噛むと甘みが味わえる。彩りもよいので、薄味でさっと煮て鮮やかな緑色と食材の味をいかした煮びたしがおすすめ。

ここが苦手…

キュッキュッとした歯ごたえが苦手なら、くたくたに煮込むのがベスト。さやいんげんは、斜め薄切りにしても。青くささが気になるなら、下ゆでをしてから使って。

さやえんどういります？

実は僕…さやえんどうのキュッキュッとした食感が苦手で

そんなマオのために**長めに加熱**してみたよ！

うつま！ 苦手な食感がなくなってる〜

！？

実は私もこのほうが好きなんだ〜

あの食感が肝なのにわかってないですね〜

メイド長…！

ハァ…！

くたっとしてる方がツウだと思いますけどね…

いやそれは…

ゴゴゴ…

そ…それぞれの好みですよね！

それよりごはんはまだですの？

レンジでちょうどよい歯ざわりに

いんげんとちくわのコチュジャン煮

(12分)

冷蔵 3日 / 冷凍 1か月

材料（4人分）

さやいんげん…2袋（200g）
ちくわ…3本
A 水…大さじ5
  酒、コチュジャン
    …各大さじ1
  しょうゆ…大さじ½

作り方

1 さやいんげんはすじを除いて、5cm長さに切る。ちくわは斜め薄切りにする。

2 耐熱容器にAを混ぜ合わせ、1を加えてあえたら、ふんわりとラップをして電子レンジで7～8分加熱し、混ぜて味をなじませる。

時短のコツ

電子レンジで加熱後、余熱を活用すると味なじみが早い。

卵がふんわり、相性のよい組み合わせ

さやえんどうの卵炒め

(7分)

冷蔵 3日 / 冷凍 2週間

材料（4人分）

さやえんどう
    …2パック（100g）
卵…2個
サラダ油…大さじ1
薄口しょうゆ…大さじ½
塩、こしょう…各少々

作り方

1 さやえんどうは、ヘタとすじを除く。

2 フライパンにサラダ油を中火で熱し、1がしんなりするまで2～3分炒める。

3 ボウルに卵を割りほぐし、薄口しょうゆを混ぜる。2に流し入れて炒め合わせたら、塩、こしょうで味を調える。

ごまじょうゆだれで青くささなし

いんげんのごまあえ

(5分)

冷蔵 4日 / 冷凍 1か月

材料（4人分）

さやいんげん…2袋（200g）
塩…適量
A 白すりごま…大さじ3
  しょうゆ…大さじ1½
  砂糖…大さじ1
  酒…小さじ2

作り方

1 さやいんげんはすじを除いて、3～4cm長さに切り、塩を加えた熱湯でさっとゆでる。

2 ボウルにAを混ぜ合わせ、1を加えてあえる。

リメイク

水けをきって崩した木綿豆腐、砂糖、しょうゆとあえて白あえに。塩で味を調えて。

セロリ

にんじんやみつばの仲間で、香味野菜の代表格。葉、茎、根、実すべて食べられて、サラダや炒めもの、スープなどさまざまな料理に使える。

目利きのコツ

● 茎の部分に丸みがあり、肉厚
● 表面に傷がなく、根元の内側にひび割れがない

ここが美味しい！

独特の香りと苦みが特徴で、料理のよいアクセントに。加熱するとクセがやわらぎ、甘みをより味わえる。

ここが苦手…

茎部分の食感が気になるときは、外側のすじをピーラーでむく。葉近くの茎は細かく切るとよい。また独特な香りは、レモンなどの柑橘類と合わせるとやわらぐ。冷凍したり、下ゆでするのも効果あり。

セロリは**炒めると苦みがやわらいで甘みが増します**よ！

たしかににおいが気になりませんわ！

あとかたづけ中

まかないにこれをどうぞ〜

セロリの余った部分で作りましたよ

美味しい！

調理法でこんなに変わるんですね！

根元も葉も！

セロリは捨てるところがないですから

帰り道

お！U-SAさん今日はセロリ動画アップしてる

セロリ…

U-SA

今日のレシピ

#セロリは捨てる部分ゼロ
#根元も葉も美味
#Cool

メイド長が…いやまさかな！

お皿が同じ…？

果たしてその真相は!?

カレー味でセロリを食べやすく

セロリと鶏肉のサラダ

（10分）

冷蔵 **3日** 冷凍 **×**

材料（4人分）
セロリ（茎部分）…2本（140g）
鶏むね肉…½枚
レーズン、酒…各大さじ1
A マヨネーズ…大さじ3
　プレーンヨーグルト…大さじ2
　カレー粉…小さじ½
　塩、こしょう…適量

作り方
1 鶏むね肉は皮を取り除き、耐熱容器に入れて酒をふり、ふんわりとラップをして電子レンジで5分加熱してそのままおく。粗熱がとれたら手で裂く。

2 セロリはすじを除いて1cm角に切る。

3 ボウルにAを混ぜ合わせ、1、2、レーズンを加えてあえ、お好みで刻みパセリをふる。

時短のコツ
鶏むね肉は市販のサラダチキンを使えば、さらに時短に。

にんにくで香りの相乗効果

セロリとえびのガーリック炒め

（12分）

冷蔵 **3日** 冷凍 **1か月**

材料（4人分）
セロリ…2本（200g）
むきえび…12尾
にんにくスライス（乾燥）…5g
オリーブ油…大さじ2
塩、こしょう…各少々

作り方
1 セロリはピーラーですじを除き、キッチンばさみで大きめに切り、葉は食べやすく切る。むきえびは背わたを除いて水で洗い、ペーパータオルで水けをふく。にんにくスライスは水に浸けて5分ほどおいてもどす。

2 フライパンにオリーブ油、にんにくスライスを入れて中火で熱し、香りが立ったらセロリ、むきえびを加え5分ほど炒める。塩、こしょうで味を調える。

リメイク
食パンにのせ、マヨネーズをかけてボリューム満点トーストに。

素材の甘さをじんわり味わう

セロリのきんぴら

（7分）

冷蔵 **3日** 冷凍 **1か月**

材料（4人分）
セロリ…4本（400g）
サラダ油…大さじ2
A しょうゆ、みりん
　　…各小さじ4
白いりごま…大さじ2

作り方
1 セロリはすじを除き、斜め薄切りにし、葉は細かく切る。

2 フライパンにサラダ油を中火で熱し、1を炒める。

3 2の全体に油が回ったらAを加えて炒め合わせ、白いりごまを加えて混ぜ合わせる。

火を使わない

包丁使わない

食材ひとつ

カリフラワー

キャベツや白菜の仲間で、ブロッコリーの突然変異により生まれたといわれている。
ビタミンCがたっぷり含まれていることから、「畑のレモン」とも呼ばれている。

目利きのコツ

● 花蕾がかたくしまり、盛りあがっている
● 変色がなく純白

ここが美味しい！

コリッとした食感が人気。淡白な味なので、和洋中問わずどんな味つけも合う。ダイエット時は細かく刻んでごはんの代用にも。

ここが苦手…

味がシンプルすぎるのが気になる場合は、カレー粉などのパンチがある調味料と合わせる。ぼそぼそした食感が苦手なら、揚げるとホクホク感が味わえるので試してみて。

私はお嬢様宅で長年働くメイド長

オオ…

しかしその正体は…

レシピバズりまくりの料理系インフルエンサーU-SA!!!

Y・O!

今日はカリフラワー！シンプルな味わいは**パンチのある調味料も**A・U・Ze!!

粉チーズと黒こしょうに塩をふって素材をI・Ka・Su!!

ファ…

や…やっぱりメイド長ー!!!

美味De・Su・Waaaa!!

Y・O!

ってかお嬢様映ってます

ホクホクとした食感がクセになる

ローストカリフラワー

(15分)

冷蔵 3日　冷凍 1か月

材料（4人分）

カリフラワー
　…2株（400g）
ベーコン…2枚
A オリーブ油、粉チーズ
　　…各大さじ1
　塩、粗びき黒こしょう
　　…各適量

作り方

1 カリフラワーは小房に分け、ベーコンは短冊切りにする。

2 耐熱容器に1、Aを入れてよく混ぜて広げ、オーブントースターで10〜12分焼く。

リメイク

ごはん、牛乳、コンソメスープの素と煮込んでリゾット風に。

にんにく入りのマヨネーズでパンチをつける

カリフラワーのアイオリサラダ

(10分)

冷蔵 2日　冷凍 1か月

材料（4人分）

カリフラワー…2株（400g）
スナップえんどう…10本
A マヨネーズ…大さじ4
　おろしにんにく…小さじ½
　塩…小さじ⅓
　粗びき黒こしょう…少々

作り方

1 カリフラワーはキッチンばさみで小房に分け、スナップえんどうはヘタとすじを除く。それぞれかためにゆでて水けをきり、スナップえんどうはキッチンばさみで斜め半分に切る。

2 ボウルにAを混ぜ合わせ、1を加えてあえる。

調理のポイント

カリフラワーは火が通りやすいので、かための状態でゆであげ、余熱でやわらかくする。

外はカリカリ、中はほっくり

カリフラワーのカレーフリット

(10分)

冷蔵 3日　冷凍 1か月

材料（4人分）

カリフラワー…2株（400g）
A 小麦粉…100g
　カレー粉…大さじ1
　ベーキングパウダー
　　…小さじ½
　塩…少々
B 卵…2個
　水…100ml
揚げ油…適量

作り方

1 カリフラワーは小房に分ける。

2 ボウルにAをふるいながら混ぜ合わせ、合わせたBを加えてさっくりと混ぜる。

3 2に1を入れて全体にからめ、170℃の揚げ油でカラッと揚げる。

これで長持ち！

野菜のきほんストック術

冷蔵保存

冷蔵庫の中は場所によって温度が違うため、野菜ごとに適した場所に保存しましょう。

\こんな野菜が冷蔵保存向き/

冷蔵室へ
- 葉もの野菜（キャベツ、レタス、白菜、ほうれん草）
- きのこ

野菜室へ
- 夏野菜（トマト、きゅうり、なす）
- ブロッコリー
- グリーンアスパラガス
- もやし

冷蔵の保存法 空気や水けに触れないよう、ラップやペーパータオル、保存袋を上手に使いましょう。

きほん

水けをふき取ってペーパータオルなどで包み、保存袋に入れる。

葉もの野菜

保存袋に入れ、立てて保存する。倒れないようにケースなどを使おう。

カットした野菜

切り口をラップでしっかりと包み、保存袋に入れる。

野菜は適温適所で保存することで、鮮度をキープしたまま長持ちさせることができます。
食材ごとに適した保存法をマスターし、いつでも美味しく野菜を食べましょう。

冷凍保存

他の保存法よりも長持ちしますが、冷凍できない野菜もあります。

レタスやもやしなど水分の多い野菜は、水分がでてベチャッとしてしまい、
繊維が多い水菜はすじっぽくなるので、冷凍保存はおすすめしません。

冷凍の保存法

切る、ゆでるなどの下ごしらえをしてから冷凍すると
より長持ちします。

きほん

食べやすく小さめに切って
水けをよくふき取り、冷凍
用保存袋に入れる。

かたい野菜

かために下ゆでをして水け
をよくふき取り、冷凍用保
存袋に入れる。

じゃがいも

薄切り、もしくはマッシュポ
テトにして冷凍用保存袋に
入れる。

＼ 料理に使うときは 凍ったまま調理がベター！ ／

野菜は解凍すると水分がでて、食感や味が落ちてし
まうので、凍ったまま加熱調理するのがおすすめ。加
熱せず、そのままサラダなどにするのは避けましょう。

うまみがぎゅぎゅっと凝縮！

野菜の干し方テク＆レシピ

野菜は干すことでうまみが凝縮し、料理で使うと味わいがアップします。
ここでは野菜がさらに美味しくなる干し方と、それを使ったレシピを紹介します。

干すとうまみがアップしてさらに美味しくなる野菜

おすすめ野菜	切り方	おすすめ調理法
にんじん	薄切り・細切り・厚切り	炒めもの・煮もの
大根	薄切り・厚切り	煮もの・スープ
きのこ	ほぐす・薄切り	炒めもの・煮込み・炊き込みごはん
なす	薄切り	炒めもの・煮込み
パプリカ	細切り	炒めもの・煮込み
かぼちゃ	薄切り・厚切り	煮もの
ごぼう	薄切り・ささがき	炒めもの・スープ・炊き込みごはん

干し野菜の作り方

① 切る

どうかしら

いつ乾くかな…

ぶあつい…

野菜はお好みの大きさに切りましょう
皮の変色が気になる場合はむいてOK

② 水けをふく

やさしくそっとですよ！！

ボロボロ

干す前に水けをふくと乾きが早くなります
特に根菜は水分が多いのでしっかりと！

③ 干す

いたずらしたそう…猫の習性ですかね？

うずうず…

ピッシリ

干す時間のめやす
半干し：3〜12時間 ➡
冷蔵庫で1週間保存可能
しっかり：1〜3日 ➡
冷蔵庫で1か月保存可能

日当たりと風通しがよい場所で干します
太陽が出ている間は外、夜は家の中へ

④ 保存

やっと食べられますのね！

1か月後

料理するのであと少しです！

結局ちょっとしか残らなかった！

うまみぐい

密閉できる容器で保存しましょう
乾燥剤を入れるとより湿気を防げます

野菜のうまみがたっぷり、トマトにしみ込む

干し野菜のトマト煮

材料（2人分）
干しズッキーニ、干しなす
　（ともに薄めの輪切り）…各30g
干しきのこ（ほぐす・薄切り）…20g
オリーブ油…大さじ1
A カットトマト缶…½缶（200g）
　｜ 水…100mℓ
　｜ コンソメスープの素（顆粒）…小さじ1
塩、こしょう…各適量

作り方
1 鍋にオリーブ油を中火で熱し、干し
　　ズッキーニ、干しなす、干しきのこを入
　　れて炒める。
2 野菜に油が回ったら**A**を加えて煮立
　　て、中火で5分ほど煮て塩、こしょう
　　で味を調える。

材料（2人分）
干しパプリカ（細切り）…100g
ウインナーソーセージ…6本
オリーブ油…大さじ½
塩…小さじ¼
こしょう…少々

作り方
1 ウインナーソーセージは斜め薄切りに
　　する。
2 フライパンにオリーブ油を中火で熱し、
　　1、干しパプリカを入れて炒める。
3 ウインナーにこんがりと焼き色がついた
　　ら塩、こしょうをふり、器に盛る。お好
　　みで粉チーズをふる。

甘さがグンと増したパプリカが美味しい

干しパプリカと
ウインナーのソテー

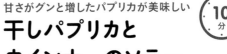

まるでデザートのようなこっくり甘いおかず

干しかぼちゃの甘煮

材料（2人分）
干しかぼちゃ（厚切り）…80g
水…100mℓ
砂糖…大さじ1
しょうゆ…小さじ1

作り方
1 鍋にすべての材料を入れて中火にかけ、
　　ときどき混ぜながら汁けが少なくなるま
　　で煮る。

かぶ

食べているのは根と葉の部分で、日本では古くから親しまれており、春の七草では
「すずな」とも呼ばれている。流通の多い白色以外に赤色などがあり、大きさもさまざま。

ここが美味しい!

生はシャキッと、加熱すると、とろっと表情を変える野菜。厚めにむいた皮や葉も捨てずに使って。

目利きのコツ

● 白い根の表面にハリがあり、丸い
● 茎のつけ根が淡い緑色

ここが苦手…

苦みや青くささが苦手な場合は、さっと下ゆでする。加熱した際の独特な食感が苦手なら、よく煮込んでとろとろにしたり、すりおろすのもおすすめ。

ラビから聞いたかぶの料理を作るぞ〜!

マオの家

えー〜また野菜!?

かぶは**まるごと焼く**のがおすすめで

おかずにもお酒のつまみにもなるってさ!

お酒…

ふ〜ん…

よし完成!日本酒持ってこよ!

〜♪ じー… ……

さあ食べ…ってええええ

かぶ最高ね!

とろとろだったよー!

カラッ

僕のは…!?

ラビ…この前はオクラ食べてごめんね

えっ何!?

ちょっと…身にしみて…

めんつゆだけで手軽に味しみ

かぶと油揚げの煮びたし

（10分）

冷蔵 3日　冷凍 1か月

材料（4人分）
かぶ…4個（320g）
油揚げ…2枚
A めんつゆ（3倍濃縮）
　　…大さじ5
　水…大さじ3

作り方
1 かぶは皮をむいて1cm厚さのいちょう切りにし、葉は3cm長さに切る。油揚げは縦半分にし、2cm幅に切る。

2 耐熱容器に1、Aを入れて混ぜる。ふんわりとラップをし、電子レンジで7分加熱する。

蒸し焼きで甘みやうまみをギュッと凝縮

かぶのまるごとホイル焼き

（15分）

冷蔵 3日　冷凍 2週間

材料（4人分）
かぶ…4個（320g）
A オリーブ油…大さじ1
　塩…小さじ¼
　粗びき黒こしょう…適量

作り方
1 かぶは葉を根元から5cmほど残してキッチンばさみで切って耐熱容器に入れ、ふんわりとラップをして電子レンジで3～4分加熱する。

2 1を1個ずつアルミホイルで包んでAを等分にまぶす。天板に並べ、オーブントースターで6～7分、火が通るまで焼く。

リメイク
コンソメスープにウインナーとともに入れ、さっと煮てまるごとかぶのポトフに。

焼きかぶの香ばしさを楽しんで

かぶの中華風ピリ辛みそ炒め

（8分）

冷蔵 3日　冷凍 1か月

材料（4人分）
かぶ…6個（480g）
ごま油…大さじ1
A みそ、みりん
　　…各大さじ1½
　豆板醤…小さじ1

作り方
1 かぶは皮をむいてくし形切りにし、葉は4cm長さに切る。

2 フライパンにごま油を中火で熱し、かぶを焼き色がつくまで3分ほど炒め、葉を加えたら1分ほど炒める。

3 2に合わせたAを加えてさっと炒め合わせる。

調理のポイント
調味料を加えたあとは、焦げないように火加減に注意しながら、手早く仕上げる。

れんこん

食べているのは蓮の茎部分。穴があいていることから「先が見通せる」
縁起がよい食べものとして、お正月料理によく使われる。

ここが美味しい！

調理方法でいろいろ
な食感が味わえる。
定番の煮ものや炒め
ものも美味しいが、
すりおろして使うのも
おすすめ。

目利きのコツ

● 皮が極薄めの茶色
で色ムラがない
● カットした切り口
はきれいな乳白色

ここが苦手…

シャリシャリとした食感や繊
維っぽさが気になる場合は、
蒸すとホクホクになって食べ
やすくなる。またえぐみが苦
手なら、水にさらして。見た
目が気になるなら、すりおろ
して料理に混ぜよう。

やっぱり
シャキシャキが…

もちもちが…

なんの話？

うーーん

れんこんの話だよ

？？？

カッ

れんこんは調理方法や
切り方で美味しさが
変わるからさ

**シャキシャキ感を
いかした炒めもの**

**すりおろして団子にして
焼くともちもちに！**

リリーお嬢様は
どちらが
お好みかなって

れんこんきんぴら

れんこんもち

……

お嬢様ならどっちも
じゃないかな！！

両方
作って!!

味見したいん
でしょうね

やれやれ…

シンプルな味わいにピリ辛をプラス

れんこんと枝豆の明太マヨ

（10分）

冷蔵	冷凍
4日	×

材料（4人分）

れんこん…300g
枝豆（冷凍・さやつき）
　　…120g
辛子明太子…½腹
A　酢…大さじ1
　│砂糖…小さじ2
　│塩…少々
マヨネーズ…大さじ2½

作り方

1　れんこんは皮をむいて薄いいちょう切りにし、水にさらして水けをきる。枝豆は流水解凍してさやから出す。

2　耐熱容器に1のれんこんを入れ、ふんわりとラップをして電子レンジで3分加熱する。合わせたAをまぶして水けをきる。

3　辛子明太子は薄皮を除いて中身をこそげ出し、ボウルに入れてマヨネーズと混ぜ合わせる。2、枝豆を加えてよくあえる。

調理のポイント

Aをなじませてからのほうが明太マヨネーズがよくからむ。

いつもとは違うもちもち食感におどろき

れんこんもち

（15分）

冷蔵	冷凍
3日	1か月

材料（4人分）

れんこん…400g
A　片栗粉…大さじ1
　│塩…小さじ⅓
サラダ油…大さじ2

作り方

1　れんこんは皮ごとすりおろし、軽く水けをきってボウルに入れる。Aを加えて混ぜ、8等分にして丸める。

2　フライパンにサラダ油を中火で熱し、1をきつね色になるまで両面焼く。

シャキシャキ食感が楽しいおかず

れんこんきんぴら

（10分）

冷蔵	冷凍
3日	2週間

材料（4人分）

れんこん…400g
サラダ油…大さじ1
A　赤唐辛子（種を除いて
　│　小口切り）…1本分
　│しょうゆ、酒、みりん
　│　…各大さじ2
白いりごま…少々

作り方

1　れんこんは皮をむいて薄い半月切りにする。

2　フライパンにサラダ油を中火で熱し、1を透き通るまで炒める。弱火にしてAを加えてからめながらさらに炒め、白いりごまを加えて混ぜる。

リメイク

鶏ひき肉と炒め合わせて、よりごはんに合うおかずに。

ごぼう

食べているのは主根で、日本ではポピュラーな根菜だが、他国ではあまりなじみがない。
秋冬が旬だが、若穫りしたものを「新ごぼう」と呼び、初夏ごろに収穫を迎える。

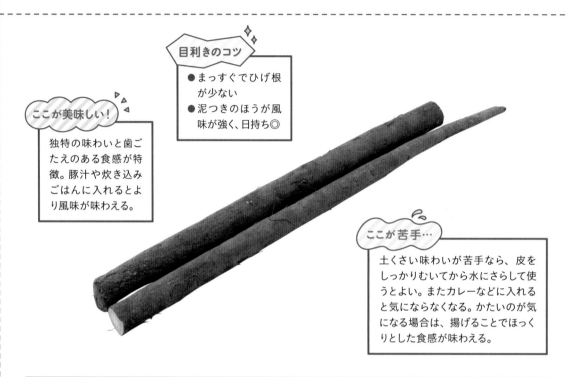

目利きのコツ

● まっすぐでひげ根が少ない
● 泥つきのほうが風味が強く、日持ち◎

ここが美味しい！

独特の味わいと歯ごたえのある食感が特徴。豚汁や炊き込みごはんに入れるとより風味が味わえる。

ここが苦手…

土くさい味わいが苦手なら、皮をしっかりむいてから水にさらして使うとよい。またカレーなどに入れると気にならなくなる。かたいのが気になる場合は、揚げることでほっくりとした食感が味わえる。

ラ…ラビ？ストレスでもあるんですの!?

タン　タン　タン　タン

ごぼうをたたいて割ってたんですよ

料理によってはこのほうが味しみがよくなるんです

へー！

じゃあアタクシもやりますわ！

ダンダンダァアン

ヒーッ

ヒーッ

強くたたきすぎると細かく割れてしまいます！

まんべんなく軽くたたく程度でOKです！

コラ

アァア

ヒーッ

ごめんなさぁぁい

こっくりマヨネーズがごぼうの風味に合う
ごぼうマヨサラダ

⏱ 7分

冷蔵 3日 / 冷凍 ✕

材料（4人分）
ごぼう…1本（200g）
ちくわ…2本
A マヨネーズ…大さじ2
　 しょうゆ…大さじ½

作り方
1 ごぼうは皮をこそげてせん切りにする。耐熱容器に入れてふんわりとラップをし、電子レンジで3分加熱し水けをきる。
2 ちくわは縦半分に切って斜め薄切りにする。
3 ボウルにAを混ぜ合わせ、1、2を加えてあえる。

リメイク
チーズをのせて焼き、ごぼうのマヨチーズ焼きに。

たたくことで味がしっかりしみる
ごぼうと牛肉の中華炒め

⏱ 15分

冷蔵 3日 / 冷凍 1か月

材料（4人分）
ごぼう…1本（200g）
牛こま切れ肉…80g
ごま油…大さじ1
オイスターソース…大さじ2

作り方
1 ごぼうはたわしなどで皮をこそげてめん棒でたたき、食べやすく割る。
2 フライパンにごま油を中火で熱し、1、牛こま切れ肉を入れて5分ほど炒め、オイスターソースを加えて炒め合わせる。

リメイク
ごはんの上にのせて中華丼に。

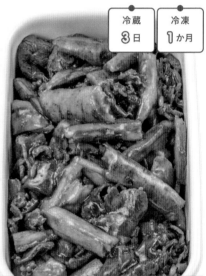

揚げた食感がやみつきに
ごぼうのから揚げ

⏱ 10分

冷蔵 5日 / 冷凍 3週間

材料（4人分）
ごぼう…2本（400g）
A しょうゆ…大さじ3
　 酒…大さじ1½
　 おろしにんにく…小さじ½
片栗粉、揚げ油…各適量

作り方
1 ごぼうは皮をこそげてめん棒でたたき、食べやすく割る。
2 保存袋にAを入れて混ぜ合わせる。1を加えてからめ、片栗粉を加えて全体にまぶす。
3 180℃の揚げ油で2をカラッと揚げる。

リメイク
甘酢だれとタルタルソースをかけて、南蛮風に。

さつまいも

ホクホク系やねっとり系など、さまざまな品種がある。野菜の中でも甘みが強いので、煮ものや炒めもの以外にスイーツ作りにもよく使われる。

目利きのコツ
- 皮の色が均一で鮮やか
- ひげ根が細い

ここが美味しい！

野菜の中でもバツグンに甘い。蒸す、揚げるなどのシンプルな調理で甘さをいかす料理がシンプルでかんたん。

ここが苦手…

甘さが苦手なら、肉などをプラスして甘辛く仕上げ、ごはんに合うおかずにしても。ぼそぼそした食感は、マッシュしてマヨネーズなどと混ぜ合わせると口あたりがなめらかに。

白だしとレモンがさつまいもの甘みを格上げ

さつまいものレモン煮

（12分）

冷蔵 3日　冷凍 2週間

材料（4人分）
さつまいも…1本（300g）
レモン（国産）…½個
A 水…150㎖
　┃ 白だし、はちみつ
　┃ 　…各大さじ1

作り方
1 さつまいもは皮ごと1㎝幅の半月切りにする。レモンはよく洗い、皮ごといちょう切りにする。
2 耐熱容器に1、Aを入れ、ふんわりとラップをして電子レンジで7〜8分、さつまいもがやわらかくなるまで加熱する。

調理のポイント
ほどよい塩けの白だしとレモンの酸味を合わせることで、さつまいもの甘さが引き立つ。

蒸すことで甘みがグンとアップ

さつまいものマッシュサラダ

（15分）

冷蔵 3日　冷凍 2週間

材料（4人分）
さつまいも…1本（300g）
レーズン…20g
A プレーンヨーグルト、
　┃ マヨネーズ…各大さじ3
　┃ 塩…少々

作り方
1 さつまいもは蒸し器で竹串がすっと通るまで10〜12分蒸す。蒸しあがったら手で皮をむき、ボウルに入れてフォークなどでつぶす。
2 レーズンはぬるま湯に浸してもどし、水けを軽く絞る。
3 1に2、Aを加え、よく混ぜ合わせる。

時短のコツ
つぶすときはフォークを使ったり、保存袋に入れてもむ。直接さわると熱いのでタオルなどを重ねて。

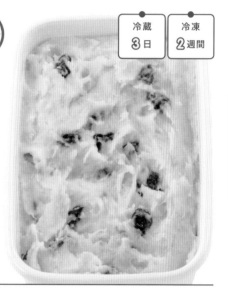

ほっくりした甘さはこしょうとよく合う

さつまいもの黒こしょう炒め

（10分）

冷蔵 3日　冷凍 1か月

材料（4人分）
さつまいも…1本（300g）
サラダ油…大さじ2
塩…小さじ¼
粗びき黒こしょう…適量

作り方
1 さつまいもは皮ごと小さめの乱切りにする。耐熱容器に入れてぬらしたペーパータオルをかぶせ、ふんわりとラップをして電子レンジで5分加熱する。
2 フライパンにサラダ油を中火で熱し、1をこんがりと焼き色がつくまで炒め、塩、粗びき黒こしょうをふる。

調理のポイント
ぬれペーパータオルをかぶせることで、しっとりと保湿しながら加熱ができる。

火を使わない

包丁使わない

食材ひとつ

里いも

さまざまな品種があり、それぞれに食べる部位が違う。昔は日本の主食だったともいわれており、東北地方では、里いもが具材の主役になるいも煮が有名。

ここが美味しい！

素朴な味をいかしたシンプルな煮ものや、ねっとり食感がクセになるサラダなどもおすすめ。

目利きのコツ

● 縞模様がはっきりしている
● 乾燥に弱いので泥つきを選ぶ

ここが苦手…

ぬめりやえぐみは塩ゆでしたり、塩でこすり洗うことで軽減される。食べたときの食感や粘りが気になる場合は、揚げるとよい。シチューやカレーに入れてとろみをカバーするのもおすすめ。

あら？ 今日のタラモサラダいつもと違いますわ

わかります！？

これは里いもで作ったんです！

このねっとり食感好きですわ！

エネルギーや糖質が低めでむくみ予防にも効果的なので美容にもいいですよ

美…！？？

お嬢様今日は何を…

里いもにして！！

明日は…

里いも！

毎日里いもよー！！！

ヒーッ

メイド長たすけて

お嬢様！！バランスよく食べたほうが美容にはE・Ze…！

わ…わかりましたわ

たすかった…！

酸味とうまみで上品に

里いもの梅おかか

(15分)

冷蔵	冷凍
3日	1か月

材料（4人分）

里いも…10 個 (500g)
梅干し…4 個
A かつお節…5g
　 めんつゆ (3 倍濃縮)、
　 　白いりごま… 各大さじ 2

作り方

1 里いもは皮ごとよく洗い、耐熱容器に並べる。ふんわりとラップをして電子レンジで 9 分加熱する。熱いうちに皮をむいてひと口大に切る。

2 梅干しは種を除いて包丁でたたく。

3 ボウルに A を混ぜ合わせ、1、2 を加えてあえる。お好みで刻み小ねぎを散らす。

調理のポイント

里いもは皮ごとレンチンするとむきやすくなる。中央に1周切り目を入れてから加熱するとよりむきやすい。

濃厚な味つけが里いもに合う

里いものタラモサラダ

(15分)

冷蔵	冷凍
3日	1か月

材料（4人分）

里いも…10 個 (500g)
たらこ…1 腹
A マヨネーズ…大さじ 4
　 レモン汁…小さじ 1
　 塩、こしょう…各少々

作り方

1 里いもは皮ごとよく洗い、耐熱容器に並べる。ふんわりとラップをして電子レンジで 8 分加熱する。熱いうちに手で皮をむき、ボウルに入れてフォークなどで粗くつぶす。

2 たらこは薄皮を除いて中身をこそげ出し、ボウルに入れて A を加えて混ぜ合わせる。

3 2 に 1 を加えて混ぜる。お好みで刻み小ねぎを散らす。

リメイク

中にピザ用チーズを入れてお好みの大きさに丸めて焼く。

レンジでほっくりねっとり食感

里いもの照り焼き

(15分)

冷蔵	冷凍
4日	1か月

材料（4人分）

里いも…10 個 (500g)
片栗粉…適量
サラダ油…大さじ 1
A しょうゆ、みりん、酒
　 …各大さじ 2
　 砂糖…大さじ 1 ½

作り方

1 里いもは六角に皮をむいて 1cm 幅に切り、耐熱容器に入れてふんわりとラップをし、電子レンジで 4 分加熱する。粗熱がとれたら片栗粉を薄くまぶす。

2 フライパンにサラダ油を中火で熱して 1 を両面こんがりと焼き、A を加えてさっとからめる。

長いも

山いもの一種でもっとも多く流通しており、他の山いもに比べて粘りが少ないのが特徴。
皮をむくと酸化しやすいので、酢水に漬けてアク抜きをするとよい。

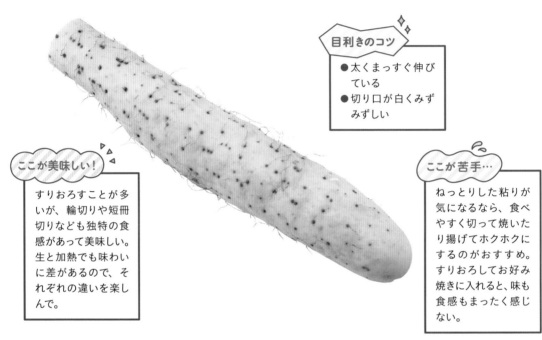

目利きのコツ
- 太くまっすぐ伸びている
- 切り口が白くみずみずしい

ここが美味しい！
すりおろすことが多いが、輪切りや短冊切りなども独特の食感があって美味しい。生と加熱でも味わいに差があるので、それぞれの違いを楽しんで。

ここが苦手…
ねっとりした粘りが気になるなら、食べやすく切って焼いたり揚げてホクホクにするのがおすすめ。すりおろしてお好み焼きに入れると、味も食感もまったく感じない。

私は長いも大好きなんですよ〜

とろろごはんのやつですわよね！

知っていますわ

お嬢様！長いもはそれだけじゃないんです！

ラビ!?

圧

うゐ、

薄めに切って**生のシャキシャキ**を楽しんだり**厚めに切って焼くと**中は**ホクホク**ですし

ペラ ペラ

あっ！**すりおろしたものを加熱調理**すると、とろろとはまた違う雰囲気を楽しめますし！

そうそうたたき長いもにして**浅漬け**とかもいいですね！！

早口

大きめでも美味しいですけど**細かくするとよりとろっと**した食感を楽しめ…

ペラ ペラ

おしゃべりはもういいですわ早く作って！！

圧

シャキネバを味わうなら漬けもので

長いものしば漬け

⏱ 3分

冷蔵 3日 　冷凍 1か月

材料（4人分）

長いも…½ **本**（300g）
しば漬け（輪切りタイプ・
　汁あり）…80g

作り方

1 長いもは皮をむき、1cm幅の半月切りにする。

2 保存容器に **1**、汁ごとのしば漬けを入れて味をなじませる。

ふわとろで舌ざわりなめらか

長いものとろとろ焼き

⏱ 12分

冷蔵 3日 　冷凍 1か月

材料（4人分）

長いも…½ **本**（300g）
卵…1個
めんつゆ（3倍濃縮）
　　…大さじ1
ピザ用チーズ…60g

作り方

1 長いもはピーラーで皮をむいてすりおろす。

2 耐熱容器に卵を割りほぐし、めんつゆ、**1** を加えて混ぜ合わせ、ふんわりとラップをして電子レンジで2〜3分加熱する。

3 **2** をよく混ぜて、ピザ用チーズをのせる。オーブントースターで5分ほど焼き色がつくまで焼く。お好みで七味唐辛子をふる。

こんがり焼いてカリホク食感に

長いものガーリックステーキ

⏱ 15分

冷蔵 4日 　冷凍 1か月

材料（4人分）

長いも…大 ½ **本**（400g）
にんにく…2片
バター…20g
しょうゆ　大さじ1

作り方

1 長いもは皮ごとよく洗い、8等分幅の輪切りにする。にんにくは薄切りにする。

2 フライパンにバター、にんにくを入れて弱火にかけ、長いもを並べて両面に焼き色がつくまでじっくり焼く。にんにくが焦げやすいので注意する。

3 **2** の火を止め、しょうゆを回し入れて長いもにからめる。お好みで刻みパセリを散らす。

リメイク

牛薄切り肉で長いもを1切れずつ巻いて焼き、お弁当にも合うボリュームおかずに。

きのこ

菌類に属し、野菜の仲間ではないが、野菜と同じようにさまざまな料理に使われている。
香りがよい、味がよいなど品種により特徴が異なる。

目利きのコツ
- かさ部分に傷がない
- 水っぽくなく、パックの中に水滴がない

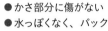

ここが美味しい！

品種によって香りや食感、味わいはさまざま。単品でも美味しいが、組み合わせることでバツグンの味わいがでる。油との相性がよく、炒めたり、アヒージョにするのがおすすめ。スープも少ない味つけで美味しく仕上がる。

ここが苦手…

しいたけなどの特有のにおいが苦手なら、炒めて水分をとばしたり、味の濃い調味料と合わせるとにおいが軽減し、効果的。食感が気になる場合は、みじん切りにして料理に加えるなど工夫を。

いろいろなきのこを混ぜて食感の違いを堪能

きのこのねぎ塩あえ

（ 8 分 ）

冷蔵 5日 ／ 冷凍 2週間

材料（4人分）
しめじ…1パック（100g）
しいたけ…1パック（100g）
エリンギ…1パック（100g）
長ねぎ…⅔本
A ごま油…大さじ3
　鶏がらスープの素（顆粒）
　　…大さじ1 ½
　塩…小さじ⅔

作り方
1 きのこは石づきを落とす。しめじはほぐし、しいたけ、エリンギは食べやすい大きさに切る。
2 長ねぎはみじん切りにする。
3 耐熱容器に1、2、Aを入れて混ぜ、ふんわりとラップをして電子レンジで5分加熱する。

リメイク

水を加えて加熱し、中華スープに。溶き卵を加えても。

オリーブ油がうまみを引き出す

きのこの和風ペペロン炒め

（ 10 分 ）

冷蔵 3日 ／ 冷凍 1か月

材料（4人分）
しいたけ…1パック（100g）
しめじ…1パック（100g）
まいたけ…1パック（100g）
にんにくスライス（乾燥）…2g
赤唐辛子（種を除いて
　小口切り）…1本分
オリーブ油…大さじ2
めんつゆ（3倍濃縮）
　　…大さじ1

作り方
1 きのこはキッチンばさみで石づきを落とし、しいたけは薄切りに、しめじ、まいたけはほぐす。にんにくスライスは水に5分ほど浸してもどす。
2 フライパンににんにくスライス、赤唐辛子、オリーブ油を入れて弱火で熱し、香りが立ったら1のきのこを加えて炒める。
3 2のきのこがしんなりしたら、めんつゆを回し入れてさっと炒め合わせる。

レンジで味がしっかりしみわたる

しいたけの佃煮

（ 7 分 ）

冷蔵 5日 ／ 冷凍 1か月

材料（4人分）
しいたけ…3パック（300g）
A しょうゆ、酒…各大さじ3
　みりん…大さじ1 ½
　砂糖…大さじ1

作り方
1 しいたけは石づきを落として薄切りにする。
2 耐熱容器に1、Aを入れて混ぜ、ふんわりとラップをして電子レンジで5分加熱する。

塩昆布でうまみをプラス

きのことトマトのホイル焼き

15分

冷蔵	冷凍
3日	2週間

材料（4人分）

しいたけ…½ パック（50g）
エリンギ…½ パック（50g）
しめじ…½ パック（50g）
えのきだけ…¼ 袋（50g）
プチトマト…8 個
塩昆布…10g
バター…20g

作り方

1 きのこは石づき落とす。しいたけ、エリンギ、えのきだけは食べやすい大きさに切り、しめじはほぐす。プチトマトはヘタを除き、つま楊枝で数か所穴をあける。

2 アルミホイルを 4 枚広げ、1、塩昆布、バターを等分に包む。

3 2 をオーブントースターで 10 分ほど焼く。

きのこのうまみが卵とよく合う

きのこのカップオムレツ

15分

冷蔵	冷凍
3日	2週間

材料（4人分）

しめじ…1 パック（100g）
ブラウンマッシュルーム
…1 パック（100g）
サラダ油…大さじ 1
塩、こしょう…各少々
A 溶き卵…3 個
　ピザ用チーズ…40g
　牛乳…大さじ 2
　塩、こしょう…各少々

作り方

1 しめじはキッチンばさみで石づきを落としてほぐし、ブラウンマッシュルームは食べやすい大きさに切る。フライパンにサラダ油を中火で熱してきのこを炒め、塩、こしょうをふって火を止める。

2 ボウルにAを混ぜ合わせ、1 を加えて混ぜる。

3 シリコンカップ 8 個に 2 を等分に入れ、オーブントースターで 12 分ほど焼く。

大きめに切ったエリンギで食感を楽しんで

エリンギの炒めマリネ

7分

冷蔵	冷凍
5日	3週間

材料（4人分）

エリンギ…2 パック（200g）
オリーブ油…大さじ 1 ½
A 赤唐辛子（種を除いて
　　小口切り）…½ 本分
　白ワインビネガー、
　　はちみつ…各大さじ 1
　塩、こしょう…各適量

作り方

1 エリンギは縦に 4 つ割りにし、長ければ半分に切る。

2 フライパンにオリーブ油を強火で熱し、1 をこんがり焼き色がつくように炒める。

3 2 にAを加えてさっと炒め合わせる。

リメイク
しょうゆを足してきのこソースにし、ハンバーグにかける。

バターのコクと油分がポイント

3種のきのこのバターじょうゆ蒸し

7分

材料（4人分）

しめじ…1パック（100g）
エリンギ…1パック（100g）
えのきだけ…½袋（100g）
A しょうゆ、酒…各大さじ3
| バター…50g

作り方

1 きのこは石づきを落とす。しめじはほぐし、エリンギは縦に4つ割りにして半分の長さに切り、えのきだけは半分の長さに切ってほぐす。

2 耐熱容器に1、Aを入れ、ふんわりとラップをして電子レンジで4分加熱する。

調理のポイント

きのこの長さをそろえて口あたりよく仕上げる。

パンチのある味つけにもうまみが負けない

えのきのにらキムチあえ

10分

材料（4人分）

えのきだけ…1袋（200g）
にら…1束
白菜キムチ…120g
A ごま油…大さじ1½
| 塩、こしょう…各少々

作り方

1 えのきだけはキッチンばさみで石づきを落として半分の長さに切り、ほぐしながら耐熱容器に入れる。ふんわりとラップをして電子レンジで4分加熱する。

2 にらはキッチンばさみで5cm長さに切り、1が熱いうちに加えて混ぜ合わせる。

3 2の粗熱がとれたら白菜キムチ、Aを加えて混ぜ合わせる。

調理のポイント

余熱でにらに火を通してからキムチを混ぜ合わせると香り高く仕上がる。

長期保存レシピ

オイルに漬ければしっとりとした食感に

いろいろきのこのオイル漬け

10分

作り方＋材料（作りやすい分量）

1 エリンギ、ブラウンマッシュルームは食べやすい大きさに切り、しめじは石づきを落としてほぐす。にんにくは薄切りにする。

エリンギ、ブラウンマッシュルーム、しめじ
…各1パック（300g）、にんにく…1片

2 フライパンにオリーブ油大さじ1、にんにく、赤唐辛子を入れて弱火で熱し、香りが立ったらきのこ、塩を加えて中火で5分ほど炒める。しんなりしたら保存瓶に入れ、オリーブ油200mlを加える。

オリーブ油…大さじ1＋200ml
赤唐辛子（種を除いて小口切り）…1本分
塩…小さじ½

野菜をたっぷり堪能できる!

超速野菜スープ

野菜は加熱するとかさが減るので、たっぷり使って美味しいスープを作りましょう。
その日のおかずに合わせて、和洋中エスニックの味わいを楽しんで。

野菜の甘みを感じる濃厚クリームスープ

にんじんと玉ねぎの
ポタージュ

材料(2人分)
にんじん…小2本(200g)
玉ねぎ…½個(100g)
バター…大さじ2
A 水…200㎖
│ コンソメスープの素(顆粒)…小さじ1
牛乳…70㎖
塩…小さじ⅙

作り方

1 皮をむいたにんじん、玉ねぎは、それぞれ薄切りにする。

2 鍋にバターを弱火で熱し、**1**を炒める。玉ねぎがしんなりしたら、**A**を加えて10分ほど煮る。

3 **2**をミキサーに入れてなめらかになるまで撹拌して鍋にもどし入れ、牛乳、塩を加えてひと煮立ちさせ、器に盛る。お好みで乾燥パセリをふる。

冷蔵	冷凍
3日	**2**週間

材料(2人分)
ブロッコリー…½株(100g)
玉ねぎ…¼個(50g)
ベーコン…2枚
A 水…400㎖
│ コンソメスープの素(顆粒)…小さじ1
│ 塩…小さじ⅙

作り方

1 ブロッコリーはざく切りに、玉ねぎは薄切りにする。ベーコンは1cm幅に切る。

2 鍋に**A**を中火で煮立て、**1**を加える。沸騰したら弱火にしてふたをし、3分ほど煮てブロッコリーを崩し、器に盛る。お好みで粉チーズをふる。

やわらかいブロッコリーがクセなく食べやすい

崩しブロッコリーと
ベーコンのコンソメスープ

冷蔵	冷凍
3日	**2**週間

すりおろしだからさっと煮るだけでできる

すりおろしかぶの みそ汁

(8分)

材料（2人分）
かぶ…3個（240g）
だし汁…400㎖
みそ…大さじ2

作り方
1 かぶは皮をむいてすりおろす。葉は適量を耐熱容器に入れてふんわりとラップをし、電子レンジで40秒加熱したら水にさらし、水けを絞ってからみじん切りにする。
2 鍋にだし汁を中火で煮立て、1のかぶを加えてひと煮立ちさせる。
3 2にみそを溶き入れたら器に盛って、葉をのせる。

冷蔵	冷凍
3日	2週間

材料（2人分）
レタス…大⅓個（150g）
レモン（輪切り）…2枚
A 桜えび…3g
　水…400㎖
　鶏がらスープの素（顆粒）、ナンプラー
　　…各小さじ1
ラー油…少々

しなっとしたレタスも美味しい

レタスと桜えびの レモンスープ

(5分)

作り方
1 レタスは手でひと口大にちぎる。
2 鍋にAを中火で煮立て、1、レモンを加えてひと煮立ちさせる。
3 2を器に盛り、ラー油をかける。

冷蔵	冷凍
3日	×

トマトの酸味とだしのうまみが相性バツグン

まるごとトマトとアスパラの みそ汁

(10分)

材料（2人分）
トマト…小2個（200g）
グリーンアスパラガス…2本（40g）
だし汁…400㎖
みそ…大さじ2
オリーブ油…小さじ1

作り方
1 トマトはヘタを除き、底面に十字に切り込みを入れる。グリーンアスパラガスは根元を落として縦半分に切り、2cm長さに切る。
2 鍋にだし汁を中火で煮立て、1のトマトを加えて温まるまで2分ほど煮る。皮がはがれてきたら取り出し、皮をむいて器に盛る。
3 2の鍋にアスパラを加え、みそを溶き入れる。2の器に盛り、オリーブ油をかける。

冷蔵	冷凍
3日	2週間

カレー粉を先に炒めて香りを引き出す

かぼちゃとひき肉のカレースープ

15分

材料（2人分）
かぼちゃ…100g
パプリカ（赤）…½個（75g）
オクラ…3本（30g）
豚ひき肉…100g
オリーブ油…大さじ½
カレー粉…小さじ2
水…400㎖
めんつゆ（3倍濃縮）
　…大さじ2

冷蔵 3日　冷凍 2週間

作り方
1 かぼちゃは1cm厚さのくし形切りにし、半分に切る。パプリカはヘタと種を除き、かぼちゃの大きさに合わせて長めの乱切りに、オクラはガクをむいて斜め半分に切る。
2 鍋にオリーブ油を中火で熱し、豚ひき肉、カレー粉を入れて炒める。香りが立ったらかぼちゃ、パプリカを加えて炒め合わせる。
3 2に水を加えて8分ほど煮てかぼちゃがやわらかくなったら、オクラ、めんつゆを加えて、ひと煮立ちさせる。

材料（2人分）
キャベツ…150g
にら…10〜20g
豚バラ薄切り肉…80g
かまぼこ…4枚
ホールコーン缶…大さじ2
ごま油…大さじ½
A 水…300㎖
　 しょうゆ…大さじ½
　 鶏がらスープの素（顆粒）
　　…小さじ1
無調整豆乳…100㎖
塩、こしょう…各少々

作り方
1 キャベツはざく切りに、にらは2cm長さに、豚バラ薄切り肉はひと口大に切る。
2 鍋にごま油を中火で熱し、豚肉、キャベツを入れて炒める。Aを加えて煮立て、かまぼこを加えて4分ほど煮る。
3 2に無調整豆乳、缶汁をきったホールコーン缶、にらを加えてひと煮立ちさせ、塩、こしょうで味を調える。

鶏がらと豆乳でうまみたっぷり

にらとキャベツのちゃんぽんスープ

8分

冷蔵 3日　冷凍 2週間

よく煮込んでとろとろ食感

なすとズッキーニのラタトゥイユスープ

15分

冷蔵 3日　冷凍 2週間

材料（2人分）
なす…2本（140g）
ズッキーニ…½本（100g）
鶏もも肉…小1枚
オリーブ油…大さじ1
おろしにんにく…小さじ1
A 水…300㎖
　 カットトマト缶
　　…¼缶（100g）
　 塩…小さじ⅓
　 粗びき黒こしょう…少々

作り方
1 なすはヘタを落として皮を縞目にむき、1.5cm幅の輪切りに、ズッキーニは1.5cm幅の半月切りにする。鶏もも肉はひと口大に切る。
2 鍋にオリーブ油を中火で熱し、鶏肉を炒める。焼き色がついたらおろしにんにく、なす、ズッキーニを加えて炒め合わせる。
3 2にAを加え8分ほど煮る。

季節の旬野菜

旬の時期にしか見かけない野菜で
15分以内にできる
2〜3タイプのおかずレシピ

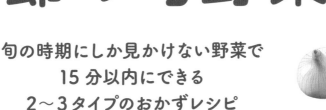

春菊

菊の一種で、若い葉と茎を食用としている。関西では「菊菜」ともいわれ、
旬は冬ごろだが、春に花が咲くことからこの名前がついた。

目利きのコツ
- 葉が鮮やかな濃い緑色
- 茎が短く、切り口があまり太くない

ここが美味しい!
独特の苦みや香りを楽しみたいなら、生のままがおすすめ。サラダやあえもので味つけはシンプルに。

ここが苦手…
苦みやえぐみが気になる場合はごま油やナンプラーなど、香りが強い調味料と合わせるとやわらぐ。卵と合わせてまろやかな味わいにするのも。

生春菊のさわやかな香りとほろ苦さを味わう

春菊のエスニックサラダ

（5分）

材料（4人分）
春菊…2束（200g）
A 桜えび、ナンプラー、
　　 レモン汁…各大さじ1
　 ごま油、砂糖…各小さじ1

作り方
1 春菊は葉を手で摘み、茎は包丁で斜め薄切りにする。
2 ボウルにAを混ぜ合わせ、1を加えてあえる。

調理のポイント
茎の部分は斜め薄切りにすると、すじが気にならず生でも食べやすい。

卵で香りをまろやかに

春菊の卵とじ風

（8分）

材料（4人分）
春菊…2束（200g）
卵…4個
A 水…150㎖
　 みりん、薄口しょうゆ
　　 …各大さじ1
　 和風だしの素（顆粒）
　　 …小さじ1

作り方
1 春菊はキッチンばさみでざく切りにする。
2 鍋にAを中火で煮立て、1を加えて1分ほど煮る。
3 ボウルに卵を割りほぐして2に回し入れ、ふんわりとかたまったら火を止める。

調理のポイント
卵は煮汁がしっかり煮立っている状態で少しずつ加えるとふんわりと仕上がる。

春菊のクセをみそマヨでやわらげる

春菊のごまみそマヨあえ

（8分）

材料（4人分）
春菊…2束（200g）
A 白すりごま、マヨネーズ
　　 …各大さじ2
　 砂糖、みそ…各大さじ1

作り方
1 鍋に湯を沸かし、春菊の茎部分を浸して30秒ほどゆでたら、葉の部分も入れて30秒ほどゆでる。
2 1を冷水にさらして冷まし、水けを絞って4㎝長さに切る。
3 ボウルにAを混ぜ合わせ、2を加えてあえる。

時短のコツ
茎のほうからゆで始め、あとで全体を沈めるようにすると、1度でゆでられる。

菜の花

アブラナ科アブラナ属の野菜のことを総称して呼び、若い茎や葉、つぼみを食用としている。
在来種と西洋種があり、それぞれで食べる部分が異なる。

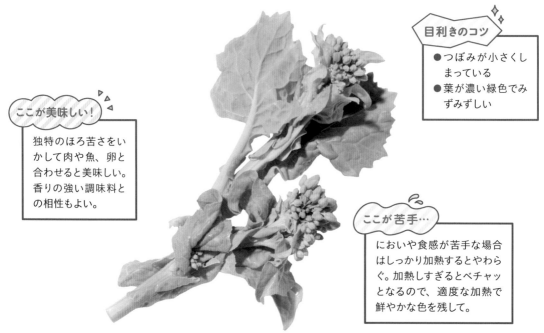

目利きのコツ
- つぼみが小さくしまっている
- 葉が濃い緑色でみずみずしい

ここが美味しい！
独特のほろ苦さをいかして肉や魚、卵と合わせると美味しい。香りの強い調味料との相性もよい。

ここが苦手…
においや食感が苦手な場合はしっかり加熱するとやわらぐ。加熱しすぎるとベチャッとなるので、適度な加熱で鮮やかな色を残して。

春の食材を甘めの味つけで

菜の花とあさりの酢みそあえ

⏱ **7分**

冷蔵 **3日**　冷凍 **2週間**

材料（4人分）

菜の花…2束（300g）
あさり缶…1缶（130g）
A 白みそ…大さじ1
　砂糖、酢…各小さじ2

作り方

1 菜の花は水に通して耐熱容器に入れ、ふんわりとラップをして電子レンジで4分加熱する。水にさらして水けを絞り、3cm長さに切る。

2 あさり缶は、缶汁とあさりを分ける。

3 ボウルにA、缶汁大さじ1を混ぜ合わせ、1、あさりを加えてあえる。

ほろ苦さと食感を楽しむ

菜の花の甘辛肉巻き

⏱ **15分**

冷蔵 **3日**　冷凍 **2週間**

材料（4人分）

菜の花…2束（300g）
豚ロース薄切り肉…16枚
小麦粉…適量
サラダ油…大さじ½
酒…大さじ1
A オイスターソース
　　…大さじ2
　酒…大さじ1
　しょうゆ…小さじ1
　こしょう…少々

作り方

1 菜の花はキッチンばさみで4cm長さに切り、16等分にする。菜の花に豚ロース薄切り肉を1枚ずつ巻きつけ、小麦粉を薄くまぶす。全部で16個作る。

2 フライパンにサラダ油を中火で熱し、1の巻き終わりを下にして並べて焼く。全体に焼き色がついたら酒を加えてふたをし、3〜4分蒸し焼きにする。

3 2のふたをはずし、合わせたAを加えて煮からめる。

唐辛子のピリ辛が苦みとよく合う

菜の花のオイル蒸し

⏱ **7分**

冷蔵 **3日**　冷凍 **2週間**

材料（4人分）

菜の花…2束（300g）
オリーブ油…大さじ2
赤唐辛子（種を除いて
　小口切り）　1本分
A 水…50mℓ
　塩…小さじ⅙

作り方

1 菜の花は4cm長さに切る。

2 フライパンにオリーブ油、赤唐辛子を入れて弱火で熱し、香りが立ったら1、Aを加えてふたをして、3〜4分蒸し焼きにする。

リメイク

ゆでたスパゲッティを加えてあえ、ペペロンチーノ風に。

新玉ねぎ

乾燥させずに収穫後すぐに出荷されるので、みずみずしい甘みを楽しめる。
手に入るのは基本的に春の一定期間のみ。

目利きのコツ
- 皮に傷がなく、カビが生えていない
- 手にしたときにずっしりと重みがある

ここが美味しい！
フルーティーで辛みが少ないため、生でも食べやすい。加熱調理はさっと火を通す程度がよい。

ここが苦手…
辛みが気になる場合は繊維を断ち切るように切り、水に短時間さらすとよい。また、加熱すると独特のにおいや辛みが抜け、胃への刺激も少ない。

みずみずしさを楽しむシンプル味に

新玉ねぎのおかかあえ

（5分）

冷蔵	冷凍
3日	×

材料（4人分）
新玉ねぎ…2個（400g）
かつお節…10g
しょうゆ…大さじ3

作り方
1 新玉ねぎはスライサーで繊維にそって薄切りにし、水にさらして水けをよくきる。
2 ボウルに1、かつお節、しょうゆを入れてあえる。

リメイク
鮭フレークとあえて、ごはんのおともに。

塩でもむと辛みがやわらぐ

新玉ねぎとほたてのコールスロー

（5分）

冷蔵	冷凍
3日	×

材料（4人分）
新玉ねぎ…2個（400g）
ほたて缶（水煮）…1缶（70g）
塩…少々
A オリーブ油…大さじ1
　塩…小さじ¼
　こしょう…少々

作り方
1 新玉ねぎはスライサーで繊維にそって薄切りにし、塩でもんで水けを絞る。
2 ほたて缶は、缶汁とほたてを分ける。
3 ボウルにA、缶汁大さじ1を入れて混ぜ合わせ、1、ほたてを加えてあえる。

リメイク
ゆでたマカロニとマヨネーズであえて、ボリュームサラダに。

少量の塩で玉ねぎの甘さを際立てて

新玉ねぎの塩焼き

（10分）

冷蔵	冷凍
3日	2週間

材料（4人分）
新玉ねぎ…2個（400g）
オリーブ油…大さじ1
塩…小さじ⅔

作り方
1 新玉ねぎは8等分のくし形切りにする。
2 フライパンにオリーブ油を中火で熱し、1を両面焼き色がつくまで焼く。
3 2にふたをして弱火にし、4～5分蒸し焼きにしてふたをはずし、塩をふる。

調理のポイント
弱火でじっくり蒸し焼きにすると、新玉ねぎの甘さが引き立つ。

新キャベツ

春から初夏あたりまでに出荷され、「春キャベツ」とも呼ばれている。
普通のキャベツより小ぶりで、巻きがゆるく、葉はやわらかくみずみずしい。

ここが美味しい！

みずみずしくて甘みが強いので、ぜひ生食で。やわらかい食感をいかすため、加熱は短時間で。

目利きのコツ

● 芯の切り口が小さい
● 葉の巻きがゆるい

ここが苦手…

シャキシャキ食感が嫌いなら、塩もみをしてくたっとさせたり、せん切り用ピーラーを使う。青くささが気になるなら、少量の酢を加えた水に短時間さらすのがおすすめ。

新キャベツのシンプルサラダ

甘みがあるからシンプルな味つけで十分

（5分）

冷蔵 3日 ／ 冷凍 ✕

材料（4人分）

新キャベツ…⅓個（400g）
塩、レモン汁…各小さじ2
オリーブ油…大さじ3

作り方

1 新キャベツはせん切りにし、塩でもんで水けを絞る。

2 ボウルに1、オリーブ油、レモン汁を入れてあえる。

リメイク

焼き肉にのせて、さっぱりといただく。

新キャベツと卵の中華炒め

さっと炒めてやわらかな歯ざわりに

（7分）

冷蔵 3日 ／ 冷凍 2週間

材料（4人分）

新キャベツ…⅓個（400g）
卵…3個
ごま油…大さじ2
鶏がらスープの素（顆粒）
　…小さじ3

作り方

1 新キャベツは手で食べやすい大きさにちぎる。卵はボウルに割りほぐす。

2 フライパンにごま油の½量を中火で熱して溶き卵を流し入れ、炒めて取り出す。

3 2のフライパンに残りのごま油を入れて中火で熱し、キャベツを2～3分炒めて2の卵をもどし入れ、鶏がらスープの素を加えて炒め合わせる。

リメイク

ケチャップライスの上にのせて、オムライス風どんぶりに。

シン・キャベツステーキ

しっかりと焼くとうまみがアップ

（8分）

冷蔵 3日 ／ 冷凍 1か月

材料（4人分）

新キャベツ…⅓個（400g）
サラダ油…大さじ2
しょうゆ…大さじ1

作り方

1 新キャベツは4等分のくし形切りにする。

2 フライパンにサラダ油を弱火で熱し、1を並べてふたをし、5～6分蒸し焼きにする。

3 2のふたをはずして中火にし、両面こんがりと焼いたらしょうゆを回し入れる。

調理のポイント

しょうゆは最後に回し入れると、香りが立って美味しくできあがる。

新じゃがいも

完熟する前に収穫され、貯蔵せず出荷される。
小ぶりで皮が薄く、水分を多く含んでいてやわらかいのが特徴。

目利きのコツ
- 表面に傷や凹凸がない
- 皮が薄くなめらか

ここが美味しい！
皮が薄いため、皮ごと食べられる。やわらかくて素朴な味なので、濃いめの調味料との相性がよい。

ここが苦手…
皮の土くささが気になるなら、むいてもOK。そもそもそする食感が苦手な場合は、ゆでたり、水分を含んだ煮ものなどにして。

新じゃがいもは皮をむかないでいいなんて時短〜！

皮が薄いからね

ジャブ ジャブ

今日はこれを**揚げて****コンソメ味に**しちゃうよ

そんな…!! から揚げとかに合わせたら絶対にうまいやつ！！

そしてビールも合わせたら無敵！

ラビのやつなんてものを！！

どうぞ〜！

くぅ〜〜っ

外はパリッと中はほっくりですわ〜♡

何してるんですか

ううっ…

ちょっと…食べたすぎてエアポテトとエアビールを…

カラ

仕事しなさい

レンジでほっくり美味しい

新じゃがののりマヨあえ

（7分）

冷蔵	冷凍
3日	×

材料（4人分）

新じゃがいも…4個（600g）
ごま油…大さじ½
A マヨネーズ…大さじ2
　めんつゆ（3倍濃縮）
　　…大さじ½
　青のり…適量

作り方

1 新じゃがいもは皮ごとよく洗い、1cm幅の輪切りにする。

2 耐熱容器に1を入れてごま油を全体にからめ、ふんわりとラップをして電子レンジで3分加熱する。

3 2にAを加えてあえる。

リメイク

少量のカレー粉を加えて混ぜ合わせ、ピザ用チーズをのせてオーブントースターで焼く。

 火を使わない

皮の風味も味つけのひとつ

新じゃがの煮っころがし

（12分）

冷蔵	冷凍
3日	2週間

材料（4人分）

新じゃがいも
　　…小12個（600g）
サラダ油…大さじ1
A 水…100mℓ
　しょうゆ…大さじ2
　砂糖、酒…各大さじ1

作り方

1 新じゃがいもは皮ごとよく洗い、耐熱容器に入れる。ふんわりとラップをして電子レンジで5分加熱する。

2 フライパンにサラダ油を中火で熱し、1を炒める。じゃがいもに油が回ったらAを加え、水けをとばしながら煮からめる。

 包丁使わない

手が止まらなくなるカリホク食感

新じゃがのコンソメフライドポテト

（12分）

冷蔵	冷凍
3日	2週間

材料（4人分）

新じゃがいも…4個（600g）
揚げ油…適量
A コンソメスープの素（顆粒）
　　…大さじ½
　塩…少々
　パセリ（みじん切り）…適量

作り方

1 新じゃがいもは皮ごとよく洗い、くし形切りにする。

2 170℃の揚げ油で1を7～8分揚げて油をよくきり、熱いうちにAをまぶす。

食材ひとつ

調理のポイント

熱いうちに調味料をまぶすとしっかり味がつく。

枝豆・そら豆

枝豆は、熟す前に色が青いまま収穫された大豆のことを呼ぶ。
そら豆は、さやが上を向いて実るため「空豆」という名前になったそう。

目利きのコツ
- 鮮やかな緑色
- うぶ毛がしっかり残っている

ここが美味しい！

ゆでて食べるのが定番だが、蒸し、焼き調理などもうまみが水に溶け出さずに味わえる。焼く場合は時間をかけてじっくりと加熱すると甘みが引き立つ。

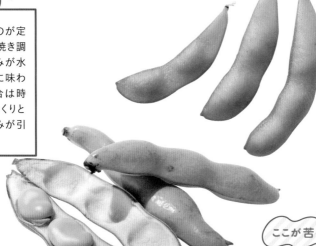

ここが苦手…

酒と塩を少々加えてゆでると豆くささがやわらぐ。そら豆は薄皮をむくのもよい。

バターのコクと玉ねぎのうまみで格上げ
枝豆と玉ねぎのバターコンソメ煮

15分

冷蔵 **3日** / 冷凍 **1か月**

材料（4人分）
枝豆（さやつき）…1袋（300g）
玉ねぎ…½個
塩…小さじ1
A 水…150ml
| バター…5g
| コンソメスープの素（顆粒）
| …小さじ2

作り方
1 枝豆は洗って水けをふき取り、塩でもむ。耐熱容器に入れてふんわりとラップをし、電子レンジで3〜4分加熱したらさやから取り出す。
2 玉ねぎは1cm角に切る。
3 耐熱容器に1、2、Aを入れ、ふんわりとラップをして電子レンジで6分加熱する。

リメイク
牛乳や豆乳を加えてミキサーで撹拌し、温めればポタージュに。

さやから飛び出すプリッとした枝豆が美味
さやごと枝豆の
ガーリックオイル蒸し

12分

冷蔵 **3日** / 冷凍 **1か月**

材料（4人分）
枝豆（さやつき）…1袋（300g）
塩…大さじ½
A オリーブ油…大さじ2
| おろしにんにく…小さじ1
粗びき黒こしょう…適量

作り方
1 枝豆は洗って水けをふき取り、塩でもむ。
2 フライパンにAを混ぜ合わせ、1を加えてよくからめ、広げる。ふたをして弱めの中火で7分ほど蒸し焼きにする。
3 2のふたをはずして全体を軽く混ぜ、弱火で2〜3分焼いたら粗びき黒こしょうをふる。

調理のポイント
しっかり枝豆に塩をもみ込むと、蒸し焼きにしたときに味がしみやすい。

ほっくりした食感と香ばしさが絶妙
そら豆の塩焼き

12分

冷蔵 **3日** / 冷凍 **1か月**

材料（4人分）
そら豆（さやつき）
 …2袋（1000g）
サラダ油…大さじ1
塩…適量

作り方
1 そら豆はさやから取り出す。
2 フライパンにサラダ油を中火で熱して1を7〜8分両面に焼き色がつくまで弱火で焼く。塩をふって味を調える。

リメイク
ごはんと混ぜ合わせて。黒いりごまをふって香ばしさをプラスしても。

スナップえんどう

グリーンピースをさやごと食べられるように品種改良したもの。
ポリポリとした食感から、「スナックえんどう」とも呼ばれている。

ここが美味しい！

さやの食感はさっと
加熱でいかして。酸
味や辛みをプラスす
ると、より甘みが引き
立つ。

ここが苦手…

食感が苦手なら加熱時
間を長めに。ゆでると
きは加熱後にすじを除
くと水っぽくならないの
で、調味料がなじんで豆
くささが消えやすい。

スナップえんどうは**内側からすっとひっぱると**すじが除きやすいんだ

ラビの家
夕食作り
タイム

へー！

加熱はレンジで！
その間にごま酢を
作ってあえれば
完成〜

これ明日
お嬢様にも
お作り
しようかな

さやも
食べられるの？

ポリポリ！

スナップは英語で
「パキンと折れる」！
名前の通りだし
食感もおもしろいよね

甘酸っぱくて
美味しい！

パキンッ

翌日

さやごと食べられますの？
ポリポリで
甘酸っぱくて
美味ですわ〜

そうでしょう
スナップは
英語で…

ハッ

あれ？ 昨日も
同じことを…

デジャヴ…？

食感を残して歯ざわりよく

スナップえんどうと玉ねぎの
マスタードサラダ

8分

冷蔵	冷凍
3日	2週間

材料（4人分）

スナップえんどう
　…2パック（200g）
玉ねぎ…¼個
塩…小さじ⅙
A 粒マスタード…大さじ2
　マヨネーズ…大さじ1
　塩…少々

作り方

1 スナップえんどうはすじを除く。水に通して耐熱容器に入れ、ふんわりとラップをして電子レンジで5分加熱し、水にさらして水けをきる。

2 玉ねぎは薄切りにし、塩でもんで水けを絞る。

3 ボウルにAを混ぜ合わせ、1、2を加えてあえる。

ごまのコクと酢のさっぱりがクセになる

スナップえんどうのごま酢あえ

7分

冷蔵	冷凍
3日	2週間

材料（4人分）

スナップえんどう
　…2パック（200g）
A 白すりごま…大さじ3
　酢…大さじ1
　しょうゆ、砂糖
　　…各大さじ½

作り方

1 スナップえんどうはすじを除く。水に通して耐熱容器に入れ、ふんわりとラップをして電子レンジで5分加熱し、水にさらして水けをきる。

2 ボウルにAを混ぜ合わせ、1を加えてあえる。

リメイク

電子レンジで加熱した鶏ささみをほぐして加え、ボリュームおかずに。

甘みのある風味にピリッっとした刺激がアクセント

スナップえんどうのペッパー焼き

10分

冷蔵	冷凍
3日	2週間

材料（4人分）

スナップえんどう
　…2パック（200g）
オリーブ油…大さじ1
塩…小さじ¼
粗びき黒こしょう…適量

作り方

1 スナップえんどうはすじを除く。

2 フライパンにオリーブ油を中火で熱し、1をさっと炒めて油が回ったら、ふたをして0分ほど蒸し焼きにして火を通す。

3 2のふたをはずし、軽く焼き色をつけ、塩、粗びき黒こしょうをふる。

ししとう

甘唐辛子の一種で、ピーマンの仲間。辛みがないものがほとんどだが、
栽培中の気候の変化や水不足などのストレスによって、まれにとても辛くなることもある。

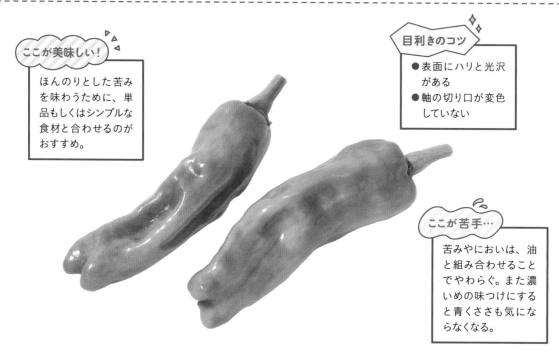

ここが美味しい！
ほんのりとした苦みを味わうために、単品もしくはシンプルな食材と合わせるのがおすすめ。

目利きのコツ
● 表面にハリと光沢がある
● 軸の切り口が変色していない

ここが苦手…
苦みやにおいは、油と組み合わせることでやわらぐ。また濃いめの味つけにすると青くささも気にならなくなる。

豆板醤で苦みをやわらげる

ししとうとじゃこのピリ辛レンジ煮

5分

冷蔵 3日 ｜ 冷凍 2週間

材料（4人分）

ししとう…2パック（100g）
ちりめんじゃこ…20g
A 水…大さじ2
　めんつゆ（3倍濃縮）
　　…大さじ1
　豆板醤…小さじ1
ごま油…小さじ1

作り方

1 ししとうはつま楊枝で数か所穴をあける。

2 耐熱容器にAを混ぜ合わせる。1、ちりめんじゃこを加えてさっくりと混ぜ合わせ、ふんわりとラップをして電子レンジで3分加熱する。

3 2にごま油を加えて混ぜる。

調理のポイント

ししとうはつま楊枝などで穴をあけると、加熱中の破裂が防げる。

ベーコンのうまみがししとうにしみる

ししとうとベーコンのソテー

7分

冷蔵 3日 ｜ 冷凍 2週間

材料（4人分）

ししとう…2パック（100g）
ベーコン…2枚
オリーブ油…小さじ1
塩…小さじ1/6
こしょう…少々

作り方

1 ししとうはつま楊枝で数か所穴をあけ、ベーコンはキッチンばさみで1cm幅に切る。

2 フライパンにベーコンを入れて中火で熱し、カリカリになったらオリーブ油、ししとうを加えて炒め合わせる。

3 2のししとうに火が通ったら塩、こしょうで味を調える。

苦みが香ばしい大人の味わい

焼きししとうのおかかまぶし

12分

冷蔵 3日 ｜ 冷凍 2週間

材料（4人分）

ししとう…2パック（100g）
かつお節…2g
しょうゆ…大さじ1

作り方

1 ししとうはつま楊枝で数か所穴をあけ、天板に並べてオーブントースターで10分ほど加熱する。

2 1が熱いうちにボウルに入れ、かつお節、しょうゆを加えてあえる。

リメイク

ひき肉と炒め合わせ、ゆでたスパゲッティとあえて、和風パスタに。

火を使わない

包丁使わない

食材ひとつ

141

モロヘイヤ

アラビア語で「王様の野菜」という意味をもつ、栄養価が高い夏野菜。
葉も茎も食べられ、食感の違いを楽しめる。

目利きのコツ

- 葉にハリがある
- 茎の切り口がみず
  みずしい

ここが美味しい!

葉を刻むとぬめりが
でてくるので、このネ
バネバを料理にいか
すとよい。苦みなどク
セがなく食べやすい。

ここが苦手…

ネバネバが苦手なら
大きめに切るとぬめ
りがでにくい。ゆで
たあとにさっと水洗
いしたり、揚げものに
するのもおすすめ。

ネバネバ食材をかけ合わせてうまみ3倍

モロヘイヤのネバネバだし風

（10分）

冷蔵 3日　冷凍 2週間

材料（4人分）

モロヘイヤ…2袋（200g）
長いも…80g
しょうが（みじん切り）…1片分
がごめ昆布…5g
めんつゆ（3倍濃縮）
　…大さじ3

作り方

1 モロヘイヤは水に通して耐熱容器に入れ、ふんわりとラップをして電子レンジで5分加熱する。水にさらして水けをきり、細かく刻む。

2 長いもは皮をむいて、5mm角に切る。

3 ボウルに1、2、しょうが、がごめ昆布、めんつゆを入れてよく混ぜ、味をなじませる。

リメイク
山形だしのようにごはんにのせたり、ゆでたうどんやそうめんなどにトッピングする。

パンチを効かせた味つけもなじむ

モロヘイヤと豚肉のにんにく炒め

（15分）

冷蔵 3日　冷凍 2週間

材料（4人分）

モロヘイヤ…2袋（200g）
豚こま切れ肉…100g
ごま油…大さじ1
おろしにんにく…小さじ½
ポン酢しょうゆ…大さじ2
塩、こしょう…各少々

作り方

1 モロヘイヤは葉と茎に分け、キッチンばさみでそれぞれざく切りにする。

2 フライパンにごま油、おろしにんにくを中火で熱し、香りが立ったら豚こま切れ肉、モロヘイヤの茎を加えて炒める。

3 肉に火が通ったらモロヘイヤの葉、ポン酢しょうゆを加えて炒め合わせ、塩、こしょうで味を調える。

調理のポイント
モロヘイヤの葉と茎はかたさが異なるため、時間差で加えて炒める。

粘りある食感にサクッとした衣がアクセント

揚げモロヘイヤ

（15分）

冷蔵 3日　冷凍 2週間

材料（4人分）

モロヘイヤ…2袋（200g）
A 天ぷら粉…100g
│ 白すりごま…大さじ2
水　100㎖
揚げ油、塩…各適量

作り方

1 モロヘイヤはざく切りにする。

2 ボウルに1、Aを入れてよく混ぜ合わせ、水を少しずつ加えてざっくりと混ぜる。

3 木べらに2を食べやすい大きさに広げて180℃の揚げ油に落とし、カラッとするまで揚げる。2のタネがなくなるまで数回に分けて揚げ、塩をふる。

リメイク
かけそばなどにトッピング。

ズッキーニ

かぼちゃの仲間で、開花後5〜7日後に収穫した未熟果のことをいう。
緑できゅうりより太めのフォルムが一般的だが、黄色や、丸いボール形などもある。

ここが美味しい！

みずみずしさをいかしてサラダにも。油でコーティングして加熱すると、甘みが増してより濃厚な味わいになる。

目利きのコツ

● 太すぎず、均一にふくらみがある
● 表面に傷がなく、色が濃い

ここが苦手…

青くさくて食べづらい場合は、塩もみをする、皮をむくなどで軽減する。淡白な味が苦手なら、チーズなどと合わせた濃いめの味つけにして。

ズッキーニはなすみたいに**厚めに切ってじっくり焼いても**

きゅうりみたいに**薄い輪切りやリボン状にして生も美味しいよ！**

今日はロッテ様が来るから韓国風ピカタをつくりおきしておこう

OK！

山ほどね!!

手伝います

と3と3でごま油も香って美味ですわ♡

美容に良さそうでち！おかわり〜

ハイ今すぐ！

いつものパターンだ!!

お持ちしました〜ってアレ!?

ZZZ…

美容を考えてお昼寝ですって

起きたら絶対また食べますわよ

食感が新鮮なおしゃれおかず

ズッキーニのリボンサラダ

（7分）

冷蔵 3日 ／ 冷凍 ✕

材料（4人分）

ズッキーニ…2本（400g）
にんじん…½本
アーモンド…6粒
塩…少々
A オリーブ油…大さじ4
　レモン汁…大さじ2
　塩…小さじ¼
　こしょう…少々

作り方

1 ヘタを落としたズッキーニ、皮をむいたにんじんは、ピーラーでそれぞれ薄切りにして塩をふり、しんなりしたら水けをふく。アーモンドは細かく刻む。

2 ボウルにAを混ぜ合わせ、1を加えてあえる。

調理のポイント

塩をふってしんなりさせると歯ざわりよく食べやすくなる。

バターでとろりとしたズッキーニが美味しい

ズッキーニのチーズクリーム煮

（10分）

冷蔵 3日 ／ 冷凍 2週間

材料（4人分）

ズッキーニ…2本（400g）
バター…10g
小麦粉…大さじ1
A 牛乳…200ml
　スライスチーズ…2枚
　コンソメスープの素（顆粒）
　　…小さじ1
塩、こしょう…各少々

作り方

1 ズッキーニはスライサーで薄い輪切りにする。

2 フライパンを中火で熱してバターを溶かし、1をさっと炒め、小麦粉を加えて炒め合わせる。

3 2にAを加え、混ぜながら3分ほど加熱し、スライスチーズが溶けてとろみがついたら塩、こしょうで味を調える。

リメイク

肉や魚料理、ゆでたスパゲッティにかける。

卵代わりのマヨネーズがコクをプラス

ズッキーニの韓国風ピカタ

（10分）

冷蔵 3日 ／ 冷凍 1か月

材料（4人分）

ズッキーニ…2本（200g）
塩、こしょう…各少々
A 小麦粉…大さじ3
　水…大さじ2
　マヨネーズ…小さじ1
　塩…小さじ½
ごま油…大さじ1

作り方

1 ズッキーニはヘタを落として1cm幅の輪切りにし、塩、こしょうをふる。

2 ボウルにAを混ぜ合わせ、1を加えてからめる。

3 フライパンにごま油を中火で熱し、2を両面2分ずつ焼く。

調理のポイント

衣はズッキーニの断面にしっかり塗るようにからめて。

とうもろこし

よく見かけるものは甘みの強いスイートコーンと呼ばれる種類。
収穫後は鮮度が落ちやすいので、早めに調理する。

目利きのコツ
- 皮つきのほうが鮮度が保てる
- ひげ根が濃い茶色

ここが美味しい！
甘さと独特の食感が人気。芯にもうまみがたっぷりなので、まるごと調理すると美味しさを逃さず味わえる。

ここが苦手…
プチッとした食感が苦手なら高温で揚げると食感をやわらげ、青くささも軽減できる。それでも気になる場合は、ペースト状にしてスープやリゾットなどにしても美味しい。

芯からでるうまみがだしになる

とうもろこしと鶏の甘辛煮

（15分）

冷蔵 3日　冷凍 1か月

材料（4人分）

とうもろこし…2本（600g）
鶏もも肉…1枚
A しょうゆ、酒…各大さじ2
　砂糖、みりん…各大さじ1
水…大さじ2

作り方

1 とうもろこしは皮をむき、1本を4等分の輪切りにする。鶏もも肉はひと口大に切る。

2 耐熱容器にAを混ぜ合わせ、鶏肉を加えてもみ込み、ふんわりとラップをして電子レンジで5分加熱する。

3 2にとうもろこし、水を加えて混ぜ合わせ、ラップをしてさらに8分加熱する。

調理のポイント

鶏もも肉に調味液をもみ込んで、ジューシーに仕上げる。

火を使わない

とうもろこしの甘みとカレー粉の香ばしさが相性◎

スパイシー焼きとうもろこし

（10分）

冷蔵 3日　冷凍 1か月

材料（4人分）

とうもろこし…4本（1200g）
水…大さじ4
バター…10g
A しょうゆ…大さじ1
　砂糖、カレー粉
　　…各小さじ1

作り方

1 とうもろこしは皮をむいてフライパンに並べる。水、バターを加えてふたをし、中火で熱して5分ほど蒸し焼きにする。

2 1のふたをはずして弱火にし、Aを加えてとうもろこしを転がしながら味をからめ、汁けがなくなってこんがり焼き色がつくまで焼く。

時短のコツ

フライパン1つでできる蒸し焼きなら、ゆでて焼くよりも短時間でできる。

包丁使わない

ふっくら食感がたまらない

とうもろこしの天ぷら

（15分）

冷蔵 3日　冷凍 1か月

材料（4人分）

とうもろこし…2本（600g）
A 冷水…大さじ5
　小麦粉…大さじ4
　片栗粉　大さじ1
サラダ油、塩…各適量

作り方

1 とうもろこしは皮をむいて1.5cm幅の輪切りにする。

2 ボウルにAを混ぜ合わせ、1を加えてからめる。

3 フライパンにサラダ油を深さ3cmほど入れて中火で熱し、2を揚げ焼きにして油をきり、塩をふる。

調理のポイント

衣に冷水を使うと、サクサク天ぷらに。

食材ひとつ

ゴーヤ

よく食べている緑色のものは、熟す前に収穫したもの。
別名「にがうり」と呼ばれるほど苦みが強いが、夏バテ予防によいとされている。

目利きのコツ

● 色が濃くてツヤが
ある
● イボにハリがあり
大きさが均一

ここが美味しい！

定番の卵、豚肉などと
合わせたり、ランチョン
ミートやさつま揚げな
ど油分が多い食材とも
相性がよい。素揚げし
ても美味しい。

ここが苦手…

苦みが気になる場合は薄
めに切ったり塩もみや下
ゆでをするとだいぶやわ
らぐ。イボの食感が苦手
なら、細かく刻んで。

特有の苦みをツナマヨでマイルドに

ゴーヤのツナマヨサラダ

（15分）

冷蔵 3日 ／ 冷凍 ×

材料（4人分）

ゴーヤ…2本（500g）
ツナ缶（油漬け）
　…小1缶（70g）
ホールコーン缶…80g
塩…小さじ1
A マヨネーズ…大さじ3
　 しょうゆ…大さじ½

作り方

1 ゴーヤは両端を落として縦半分に切り、種とわたを除いて薄切りにする。ボウルに入れて塩で軽くもみ10分ほどおいたら、水でさっと洗って水けを絞る。

2 ボウルにAを混ぜ合わせ、缶汁をきったツナ缶、ホールコーン缶、1を加えてあえる。

火を使わない

調理のポイント

ゴーヤを生で食べる場合は、塩もみすると苦みが軽減される。

辛みとごま油がゴーヤを引き立てる

ゴーヤのピリ辛ナムル

（8分）

冷蔵 3日 ／ 冷凍 2週間

材料（4人分）

ゴーヤ…2本（500g）
A ごま油…大さじ2
　 鶏がらスープの素（顆粒）
　　…大さじ½
　 しょうゆ…小さじ1
　 一味唐辛子…小さじ½
糸唐辛子…適量

作り方

1 ゴーヤは両端を落として縦半分に切り、種とわたを除いて薄切りにする。耐熱容器に入れ、ふんわりとラップをして電子レンジで5分加熱し、粗熱がとれたら水けを絞る。

2 ボウルにAを混ぜ合わせ、1を加えてよくからめ、糸唐辛子を散らす。

火を使わない

リメイク

ゆでたえのきだけを混ぜ合わせて、ボリュームアップ。

甘じょっぱい味つけと苦みのバランスが◎

ゴーヤの佃煮

（10分）

冷蔵 3日 ／ 冷凍 1か月

材料（4人分）

ゴーヤ…2本（500g）
A 水…100ml
　 しょうゆ…大さじ3
　 砂糖…大さじ2
　 みりん…大さじ1

作り方

1 ゴーヤは両端を落として縦半分に切り、種とわたを除いて5mm幅に切る。

2 鍋に1、Aを入れて中火で熱し、ときどき混ぜながら汁けがほとんどなくなるまで煮る。

食材ひとつ

時短のコツ

薄めに切って短時間で味がしみるようにする。

冬瓜

夏ごろが旬だが、貯蔵性が高く冬までもつことからこの名前がついた。
ほとんどが水分なので、いっしょに調理する食材や調味料のうまみを吸ってくれる。

ここが美味しい！

みずみずしい口あたりが特徴。クセがなく、どんな食材にも合わせやすい。温かい料理だけでなく生のままや、煮込んでから冷やして食べるのもおすすめ。

目利きのコツ

● 皮に傷がなく、濃い緑色
● 切ったものは、断面が真っ白で種まで果肉がしっかり詰まっている

ここが苦手…

瓜特有の青くささや苦みが気になる場合は、下ゆですると軽減する。味がほぼないため、肉と合わせて煮ものにしたり、照り焼きなどの濃いめの味つけにすると食べやすい。

おなかがすきましたわ！

ハイ すぐ作ります！ 今日は冬瓜です！

ど ん っ

こんなかたい野菜 すぐなんて無理でしょう！

大丈夫！ 冬瓜は火が通りやすいですし生でも食べられますから

ギギギ

まるかじりはムリです!!

白だし煮はレンチンで！ その間にサラダも…っと

早く食べたいからアタクシも手伝いますわ!!

教えて！

お嬢様〜〜！

こんな短時間で煮ものはとろとろですわ〜

アタクシがつくったドレッシングはいかが？

ラビも食べて！

バッチリです！ お嬢様も腕をあげましたね

生の冬瓜の食感を楽しむなら

冬瓜のエスニック風サラダ

(10 分)

材料（4人分）
冬瓜…400g（正味）
にんじん…⅓本
ピーナッツ…20g
塩…小さじ¼
A 砂糖、レモン汁、
　 ナンプラー…各大さじ1

作り方

1 冬瓜は種とわたを除き、皮をむいて細切りにする。にんじんも皮をむき、細切りにする。

2 ボウルに1、塩を入れて軽くもみ、5分ほどおいたら水けを絞る。

3 ボウルにAを混ぜ合わせ、2を加えてあえたら砕いたピーナッツを散らす。

レンジでとろんとしたやわらかさに

冬瓜と鶏ひき肉の白だし煮

(12 分)

材料（4人分）
冬瓜…300g（正味）
鶏ひき肉…100g
A 水…200mℓ
　 白だし…大さじ2
B 片栗粉、水…各小さじ1

作り方

1 冬瓜は種とわたを除き皮をむいたら、7mm幅のいちょう切りにする。

2 耐熱容器にAを混ぜ合わせ、1、鶏ひき肉を加えて軽く混ぜる。ふんわりとラップをして電子レンジで5分加熱する。

3 2に合わせたBを加えてよく混ぜ、ラップをしてさらに3分加熱してとろみをつける。

リメイク
温かい豆腐にのせて、あんかけ豆腐風に。

濃いめの味をしっかりしみ込ませて

照り焼き冬瓜

(10 分)

材料（4人分）
冬瓜…400g（正味）
片栗粉…適量
サラダ油…大さじ1
A しょうゆ…大さじ2
　 みりん…大さじ1
　 砂糖…小さじ1

作り方

1 冬瓜は種とわたを除いて皮をむき、5mm幅の薄切りにして片栗粉を薄くまぶす。

2 フライパンにサラダ油を中火で熱し、1の両面に焼き色をつける。

3 2に合わせたAを加えてさっとからめる。

調理のポイント
片栗粉をまぶすと調味料がからみやすくなり、とろっとした食感に。

捨てがちな部分もムダにしない！

ごはんのおとも

いつもは捨てがちな茎や葉や皮の部分、実はとっても美味しいおかずになります。
ごはんによく合い、おつまみとしても美味しいレシピを紹介します。

かたい部分もさっと加熱して味しみよく
コンソメピクルス

⏱ **8分**

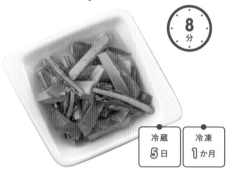

冷蔵 **5日** ／ 冷凍 **1か月**

材料（作りやすい分量）

にんじんの皮
　…1本分（約15g）
ブロッコリーの茎
　…1本分（約100g）
かぶの葉…1個分（約40g）
コンソメスープの素（顆粒）
　…小さじ½
A 赤唐辛子…1本
　ローリエ…1枚
　すし酢…50mℓ

作り方

1 にんじんの皮、皮を厚めにむいたブロッコリーの茎、かぶの葉はそれぞれ食べやすく切って耐熱容器に入れ、ふんわりとラップをし、電子レンジで1分加熱する。

2 1をジッパーつきの保存袋に入れ、コンソメスープの素を加えてジッパーを閉め、ふるように混ぜる。

3 2にAを加えてジッパーを閉めてもみ、味をなじませる。

セロリのさわやかな香りが磯の風味に合う
香味のり佃煮

⏱ **8分**

冷蔵 **5日** ／ 冷凍 **1か月**

材料（作りやすい分量）

セロリの葉
　…1本分（約30〜50g）
焼きのり（全形）…2枚
A 水…100mℓ
　和風だしの素（顆粒）
　　…小さじ¼
B みりん…大さじ1½
　しょうゆ、酒…各大さじ1
　砂糖…小さじ1

作り方

1 セロリの葉はみじん切りにし、水にさらしてザルにあげ、しっかり水けを絞る。

2 鍋にAを弱めの中火で煮立て、焼きのりをちぎりながら加えてふやかす。

3 2に1、Bを加えて好みのかたさになるまで煮つめる。

塩もみして梅の味を引き立たせて
大根の梅みそおかか

⏱ **8分**

冷蔵 **3日** ／ 冷凍 **2週間**

材料（作りやすい分量）

大根の皮
　…½本分（約125g）
塩…小さじ⅙
梅干し…1個（10g）
A かつお節…2g
　みそ…小さじ½

作り方

1 厚めにむいた大根の皮はひと口大の乱切りにする。塩で軽くもみ、しんなりしたら洗って水けを絞る。

2 梅干しは種を除き、包丁でたたいてボウルに入れ、Aを加えて混ぜ合わせる。

3 2に1を加えてあえる。

バターでコクを出して香ばしく
甘辛大学いも

8分

冷蔵 **5日** ／ 冷凍 **1か月**

材料（作りやすい分量）

さつまいもの皮
　　…1本分（約80g）
バター…10g
砂糖…大さじ1
A しょうゆ、黒いりごま
　│ …各小さじ½

作り方

1 厚めにむいたさつまいもの皮は3cm長さに切る。
2 フライパンにバター、砂糖を中火で熱し、**1**を加えて2〜3分炒める。
3 **2**に**A**を加えてからめる。

芯の歯ごたえを残して食感を楽しんで
ブロッコリーのザーサイ風

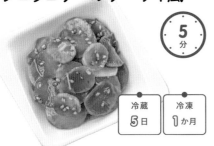

5分

冷蔵 **5日** ／ 冷凍 **1か月**

材料（作りやすい分量）

ブロッコリーの茎
　　…1株分（約100g）
A 白いりごま、ごま油
　│ …各小さじ1
　│ しょうゆ、鶏がらスープの
　│ 素（顆粒）…各小さじ½
　│ ラー油…少々

作り方

1 皮を厚めにむいたブロッコリーの茎は薄い輪切りにする。耐熱容器に入れ、ふんわりとラップをして電子レンジで1分加熱する。
2 **1**に**A**を加えてあえ、味をなじませる。

葉の風味がピリ辛にマッチ
大根葉のピリ辛そぼろ

8分

冷蔵 **5日** ／ 冷凍 **1か月**

材料（作りやすい分量）

大根の葉
　　…⅓本分（約100g）
鶏ひき肉…100g
A しょうゆ…大さじ1
　│ みりん…大さじ½
　│ 砂糖…小さじ1
　│ おろししょうが…小さじ½
　│ 一味唐辛子…少々

作り方

1 大根の葉はさっとゆでて小口切りにし、しっかり水けを絞る。
2 フライパンに鶏ひき肉、**A**を入れて中火で炒め、肉に火が通ったら**1**を加えて炒め合わせる。

お店みたいな食べる調味料が家で手軽に
中華風薬味醬

10分

冷蔵 **7日** ／ 冷凍 **1か月**

材料（作りやすい分量）

長ねぎの葉…1本分（約50g）
しょうが…40g
A ごま油…大さじ2
　│ 水…大さじ½
B 鶏がらスープの素（顆粒）
　│ …小さじ1
　│ 砂糖…小さじ½
　│ 塩…ひとつまみ

作り方

1 長ねぎの葉、しょうがはみじん切りにする（あればフードプロセッサーで撹拌する）。
2 フライパンに**1**、**A**を入れ、弱めの中火で熱し、しんなりするまで3分ほど炒める。
3 **2**に**B**を加えてとろみがつくまで炒める。

野菜嫌いだったお嬢様は…

みなさま！ごきげんようですわ!!

パアッ

最近は目覚めもよく体調不良も減りましたね

ラビの料理のおかげですわ♡

お嬢様～

パーティーの準備はどう？

うん！どれも野菜たっぷりね！

お野菜 チェック！

今日のパーティーは従業員とその家族を招待したんですよね

楽しみです！

そうそう！あとは…

ロッテちゃんも呼びましたわ！

そっ、それじゃあ足りないな！超速で作り足さないと…

超速レシピなら僕だって！ラビから教わったからね～

任せて!!

マオ！

おかず・タイプ別
さくいん

- 🔵 火を使わない
- 🔵 包丁使わない
- 🔵 食材ひとつ
- ⚫ 長期保存レシピ
- 🔵 コラム

ボリュームおかず

肉
[鶏肉]
- 🔵 とうもろこしと鶏の甘辛煮 …………… 147
- 🔵 パプリカとチキンのオイル煮 ………… 053

[豚肉]
- 🔵 大根と豚バラのレンジ煮 ……………… 063
- 🔵 豆苗の肉巻きレンジ蒸し ……………… 067
- 🔵 キャベツと豚バラのみそ炒め ………… 026
- 🔵 ぐるぐるピーマンの酢豚 ……………… 051
- 🔵 菜の花の甘辛肉巻き …………………… 129
- 🔵 白菜と豚バラ肉のごまみそ煮 ………… 082
- 🔵 プチトマトの甘辛豚巻き ……………… 034
- 🔵 もやしと豚肉のカレー炒め …………… 065
- 🔵 モロヘイヤと豚肉のにんにく炒め …… 143

[牛肉]
- 🔵 アスパラの牛肉巻き …………………… 095
- 🔵 なすと牛肉のみそマヨ炒め …………… 042
- 🔵 レンジ肉じゃが ………………………… 037
- 🔵 ごぼうと牛肉の中華炒め ……………… 111

[ひき肉]
- 🔵 パプリカのガパオ ……………………… 053
- 🔵 かぼちゃの麻婆あん …………………… 045
- 🔵 きゅうりとひき肉のオイスター炒め … 055
- 🔵 スコップピーマン肉詰め ……………… 050
- 🔵 大根ぎょうざ …………………………… 061
- 🔵 なすの肉詰め …………………………… 041
- 🔵 にらバーグ ……………………………… 091

- 🔵 プチトマトのミートソースそぼろ …… 035
- 🔵 麻婆白菜 ………………………………… 081
- 🔵 かぼちゃのカレーミートソース ……… 047

[その他肉加工品]
- 🔵 キャベツとコンビーフのトマト煮 …… 027
- 🔵 じゃがいもとコーンのグラタン風 …… 038
- ⚫ 干しパプリカとウインナーのソテー … 105

魚介
[えび]
- 🔵 セロリとえびのガーリック炒め ……… 099
- 🔵 白菜とえびの塩あんかけ ……………… 083

[魚介加工品]
- 🔵 にんじんとさば缶のごまマヨあえ …… 018

乳製品
[チーズ]
- 🔵 じゃがいもとコーンのグラタン風 …… 038

サラダ・マリネ

- 🔵 かぼちゃとクリームチーズのサラダ … 045
- 🔵 キャベツの赤じそしょうゆあえ ……… 025
- 🔵 きゅうりと豆のコロコロマリネ ……… 056
- 🔵 ゴーヤのツナマヨサラダ ……………… 149
- 🔵 ゴーヤのピリ辛ナムル ………………… 149
- 🔵 ごぼうマヨサラダ ……………………… 111
- 🔵 春菊のエスニックサラダ ……………… 127
- 🔵 新キャベツのシンプルサラダ ………… 133
- 🔵 ズッキーニのリボンサラダ …………… 145
- 🔵 スナップえんどうと玉ねぎのマスタードサラダ
  ……………………………………………… 139
- 🔵 セロリと鶏肉のサラダ ………………… 099
- 🔵 大根とかにかまのレモンサラダ ……… 061
- 🔵 冬瓜のエスニック風サラダ …………… 151
- 🔵 トマトとチーズのハーブオイルマリネ … 034
- 🔵 長ねぎのゆずこしょうサラダ ………… 069
- 🔵 生チンゲン菜の塩昆布あえ …………… 079
- 🔵 白菜とハムのフレンチサラダ ………… 083
- 🔵 白菜とりんごのサラダ ………………… 082
- 🔵 ブロッコリーとベーコンのホットサラダ …… 030
- 🔵 ブロッコリーのスイートチリマヨ …… 031

⬤ 焼きなすのエスニックサラダ ……………… 043
⬤ レタスとハムのマスタードサラダ ………… 085
⬤ れんこんと枝豆の明太マヨ ………………… 109
⬤ カリフラワーのアイオリサラダ ………… 101
⬤ キャベツとかにかまのマリネ ……………… 027
⬤ さつまいものマッシュサラダ ……………… 113
⬤ 里いものタラモサラダ ……………………… 115
⬤ 新玉ねぎとほたてのコールスロー ………… 131
⬤ なすのカルパッチョ ………………………… 042
⬤ にんじんとツナのポン酢サラダ …………… 018
⬤ ひらひらきゅうりとサラダチキンの
　　バンバンジー風 ………………………………… 056
⬤ ポテトサラダ ………………………………… 039
⬤ レタスとわかめのナムル …………………… 085
⬤ アスパラの昆布茶マリネ …………………… 095
⬤ エリンギの炒めマリネ ……………………… 120
⬤ 豆苗ガーリックマヨサラダ ………………… 067
⬤ 長ねぎの焼きマリネ ………………………… 069
⬤ 水菜のピリ辛サラダ ………………………… 077
⬤ 焼きピーマンのマリネ ……………………… 049

お弁当おかず

⬤ アスパラの牛肉巻き ………………………… 095
⬤ キャベツきんちゃく ………………………… 026
⬤ きゅうりハムチーズのくるくる …………… 057
⬤ 里いもの梅おかか …………………………… 115
⬤ パプリカのガパオ …………………………… 053
⬤ ピーマンと桜えびの卵炒め ………………… 049
⬤ ブロッコリーのチーズ焼き ………………… 029
⬤ ローストカリフラワー ……………………… 101
⬤ オクラの塩こうじから揚げ ………………… 093
⬤ きのこのカップオムレツ …………………… 120
⬤ キャベツと豚バラのみそ炒め ……………… 026
⬤ キャベツ春巻き ……………………………… 025
⬤ さやえんどうの卵炒め ……………………… 097
⬤ ししとうとベーコンのソテー ……………… 141
⬤ じゃがいもとハムのガレット ……………… 038
⬤ 新キャベツと卵の中華炒め ………………… 133
⬤ 大根もち ……………………………………… 062
⬤ 玉ねぎチーズおやき ………………………… 022
⬤ 長ねぎのフライ ……………………………… 070

⬤ 菜の花の甘辛肉巻き ………………………… 129
⬤ にんじんとしらすのガレット ……………… 019
⬤ にんじんと卵のみそ炒め …………………… 017
⬤ プチトマトの甘辛豚巻き …………………… 034
⬤ れんこんもち ………………………………… 109
⬤ いんげんのごまあえ ………………………… 097
⬤ かぶの中華風ピリ辛みそ炒め ……………… 107
⬤ カリフラワーのカレーフリット ………… 101
⬤ ごぼうのから揚げ …………………………… 111
⬤ ザクザクハッシュポテト …………………… 038
⬤ さつまいもの黒こしょう炒め ……………… 113
⬤ 新じゃがのコンソメフライドポテト …… 135
⬤ ズッキーニの韓国風ピカタ ………………… 145
⬤ スナップえんどうのペッパー焼き ………… 139
⬤ セロリのきんぴら …………………………… 099
⬤ 玉ねぎのハーブフライ ……………………… 022
⬤ とうもろこしの天ぷら ……………………… 147
⬤ 長ねぎのチヂミ ……………………………… 070
⬤ なすのハーブカツ …………………………… 041
⬤ にんじんグラッセ …………………………… 017
⬤ にんじんのカレーから揚げ ………………… 018
⬤ ひと口かぼちゃコロッケ …………………… 045
⬤ ピリ辛ピーマンみそ ………………………… 050
⬤ ブロッコリーのペペロン風 ………………… 029
⬤ やみつきペッパーポテト …………………… 037
⬤ れんこんきんぴら …………………………… 109
⬤ いももち ……………………………………… 039
⬤ にんじんの塩きんぴら ……………………… 019

おつまみ

⬤ いんげんとちくわのコチュジャン煮 …… 097
⬤ オイスターにら豆腐 ………………………… 091
⬤ きのこのねぎ塩あえ ………………………… 119
⬤ きゅうりのチーズ焼き ……………………… 055
⬤ きゅうりハムチーズのくるくる …………… 057
⬤ ゴーヤのピリ辛ナムル ……………………… 149
⬤ 里いもの梅おかか …………………………… 115
⬤ 3種のきのこのバターじょうゆ蒸し ……… 121
⬤ 新玉ねぎのおかかあえ ……………………… 131
⬤ 玉ねぎのピリ辛みそマヨ焼き ……………… 021
⬤ トマトとアンチョビーのレンジ蒸し …… 033

● トマトとチーズのハーブオイルマリネ ………… 034
● 長いものしば漬け ………… 117
● 長ねぎのうま塩ごまあえ ………… 070
● 長ねぎのチャーシューあえ ………… 071
● 長ねぎのゆずこしょうサラダ ………… 069
● 生チンゲン菜の塩昆布あえ ………… 079
● ピーマンとたこのアヒージョ ………… 050
● ピーマンのチーズサンド ………… 051
● ブロッコリーのチーズ焼き ………… 029
● ほうれん草の和風ペペロンチーノ ………… 073
● もやしの梅マヨあえ ………… 065
● れんこんと枝豆の明太マヨ ………… 109
● えのきのにらキムチあえ ………… 121
● オクラの塩こうじから揚げ ………… 093
● かぼちゃのキムチチーズ焼き ………… 046
● かぼちゃのみそバターコーンマッシュ ………… 047
● きのこの和風ペペロン炒め ………… 119
● キャベツとかにかまのマリネ ………… 027
● キャベツ春巻き ………… 025
● 小松菜とじゃこのオイスター炒め ………… 075
● さやごと枝豆のガーリックオイル蒸し ………… 137
● ししとうとベーコンのソテー ………… 141
● じゃがいもとハムのガレット ………… 038
● じゃがいもの塩辛バター ………… 037
● スパイシー焼きとうもろこし ………… 147
● 大根の明太子炒め ………… 063
● 長いものとろとろ焼き ………… 117
● 長ねぎのフライ ………… 070
● にんじんとしらすのガレット ………… 019
● バターアスパラ ………… 095
● まるごとピーマンのおかかまぶし ………… 049
● まるごと冷やしトマト ………… 033
● 水菜と桜えびの中華あえ ………… 077
● レタスとわかめのナムル ………… 085
● 揚げモロヘイヤ ………… 143
● かぶの中華風ピリ辛みそ炒め ………… 107
● カリフラワーのカレーフリット ………… 101
● キャベツのお好み焼き風 ………… 026
● きゅうりのみそもみ ………… 055
● ごぼうのから揚げ ………… 111
● ザクザクハッシュポテト ………… 038
● さつまいもの黒こしょう炒め ………… 113

● 春菊のごまみそマヨあえ ………… 127
● 新じゃがのコンソメフライドポテト ………… 135
● ズッキーニの韓国風ピカタ ………… 145
● スナップえんどうのペッパー焼き ………… 139
● そら豆の塩焼き ………… 137
● 大根の青のり炒め ………… 061
● 玉ねぎのハーブフライ ………… 022
● 豆苗ガーリックマヨサラダ ………… 067
● 長ねぎのチヂミ ………… 070
● 長ねぎの焼きマリネ ………… 069
● なすのハーブカツ ………… 041
● 菜の花のオイル蒸し ………… 129
● にんじんのカレーから揚げ ………… 018
● 白菜のしょうがポン酢あえ ………… 081
● ひと口かぼちゃコロッケ ………… 045
● ピリ辛ピーマンみそ ………… 050
● ブロッコリーのペペロン風 ………… 029
● ベイクドトマト ………… 034
● やみつきペッパーポテト ………… 037
● ヤンニョムなす田楽 ………… 042
● れんこんきんぴら ………… 109
● 塩水ピーマン ………… 051
● きゅうりのピクルス ………… 057
● ザワークラウト ………… 027
● 酢玉ねぎ ………… 023
● 大根の千枚漬け風 ………… 063
● 白菜の即席キムチ ………… 083
● ブロッコリーの白だし漬け ………… 031
● コンソメピクルス ………… 152
● 大根の梅みそおかか ………… 152
● ブロッコリーのザーサイ風 ………… 153

お助け小皿

● 枝豆と玉ねぎのバターコンソメ煮 ………… 137
● オクラのツナマヨあえ ………… 093
● かぶと油揚げの煮びたし ………… 107
● かぼちゃグリルのはちみつレモン ………… 047
● かぼちゃの酢のもの ………… 046
● きのことトマトのホイル焼き ………… 120
● キャベツきんちゃく ………… 026
● キャベツの赤じそじょうゆあえ ………… 025

● 小松菜の昆布〆風 … 075
● コンビーフのジャケットポテト … 039
● さつまいものレモン煮 … 113
● ししとうとじゃこのピリ辛レンジ煮 … 141
● 新じゃがののりマヨあえ … 135
● 大根とベーコンのコンソメ煮 … 062
● 玉ねぎのクリーム煮 … 022
● 玉ねぎの塩昆布蒸し … 023
● 冬瓜と鶏ひき肉の白だし煮 … 151
● トマトのトースターパン粉焼き … 035
● なすの揚げびたし風 … 041
● 菜の花とあさりの酢みそあえ … 129
● にんじんと油揚げのレンジ煮 … 017
● にんじんとチーズの白あえ … 019
● 白菜と昆布の煮びたし … 081
● ピーマンと桜えびの卵炒め … 049
● 水菜とさつま揚げの煮びたし … 077
● モロヘイヤのネバネバだし風 … 143
● ローストカリフラワー … 101
● かぶのまるごとホイル焼き … 107
● きのこのカップオムレツ … 120
● きゅうりとじゃこのピリ辛きんぴら … 057
● さやえんどうの卵炒め … 097
● 春菊の卵とじ風 … 127
● 新キャベツと卵の中華炒め … 133
● 新じゃがの煮っころがし … 135
● ズッキーニのチーズクリーム煮 … 145
● スナップえんどうのごま酢あえ … 139
● 大根もち … 062
● 玉ねぎチーズおやき … 022
● 玉ねぎと焼きのりのごまあえ … 023
● チンゲン菜のオイスターステーキ … 079
● 豆苗とじゃこの炒めもの … 067
● 長ねぎの中華クリーム煮 … 069
● 長ねぎの照り焼き … 071
● なすのくんくん煮 … 040
● にんじんと卵のみそ炒め … 017
● ブロッコリーと桜えびの煮びたし … 029
● ブロッコリーとツナの蒸し焼き … 031
● ブロッコリーの変わり白あえ … 030
● ほうれん草のコーンクリーム煮 … 073
● まるごと玉ねぎのレンジ蒸し … 021
● れんこんもち … 109

● いんげんのごまあえ … 097
● オクラのごまよごし … 093
● かぼちゃのさっぱりごま入り揚げびたし … 046
● キャベツの中華あんかけ … 025
● きゅうりのしょうが焼き … 056
● ゴーヤの佃煮 … 149
● 里いもの照り焼き … 115
● しいたけの佃煮 … 119
● シン・キャベツステーキ … 133
● 新玉ねぎの塩焼き … 131
● セロリのきんぴら … 099
● 大根ソースステーキ … 062
● 玉ねぎのバターじょうゆ炒め … 021
● チンゲン菜のコンソメクリーム煮 … 079
● 照り焼き冬瓜 … 151
● とうもろこしの天ぷら … 147
● 長いものガーリックステーキ … 117
● にらのピリ辛ごまあえ … 091
● にんじんグラッセ … 017
● のりあえ小松菜 … 075
● 白菜のガリバタしょうゆ … 082
● パプリカの煮びたし … 053
● ブロッコリーの辛子じょうゆあえ … 030
● ほうれん草のだしびたし … 073
● もやしのめんつゆ炒め煮 … 065
● 焼きししとうのおかかぶし … 141
● 焼きプチトマトの南蛮漬け … 033
● レタスのレモンペッパーステーキ … 085
● いももち … 039
● いろいろきのこのオイル漬け … 121
● 自家製トマトソース … 035
● 長ねぎの甘酢だれ … 071
● なすの山形だし風 … 043
● にんじんの塩きんぴら … 019
● 甘辛大学いも … 153
● 香味のり佃煮 … 152
● 大根葉のピリ辛そぼろ … 153
● 中華風薬味醤 … 153
● 干しかぼちゃの甘煮 … 105
● 干し野菜のトマト煮 … 105

編者 食のスタジオ（しょくのすたじお）

レシピ・栄養サポート・編集制作・レシピコンテンツの販売まで、食の業務を一貫して行う専門会社。管理栄養士、編集者など、食の知識と技術を身につけたスタッフで構成されている。著書多数。
HP　https://www.foodst.co.jp/

編集協力	奈良部麻衣・矢川咲恵・名和史枝（食のスタジオ）
マンガ・イラスト	こげのまさき
料理	内山由香・小泉明代・畠山有香・矢崎海里・矢島南弥子（食のスタジオ）
撮影	中川朋和
写真協力	Getty Images
スタイリング	畠山有香
本文デザイン	齋藤彩子
校正	西進社

野菜を美味しく食べたい人のための
超速つくりおき339

2024年3月15日発行　第1版

編　者	食のスタジオ
発行者	若松和紀
発行所	株式会社 西東社
	〒113-0034　東京都文京区湯島2-3-13
	https://www.seitosha.co.jp/
	電話　03-5800-3120（代）

※本書に記載のない内容のご質問や著者等の連絡先につきましては、お答えできかねます。

ISBN　978-4-7916-3312-8